哲学の起源

哲学的起源

赵京华　　主编
潘世圣　　译

柄谷行人
からたにこうじん

中央编译出版社
Central Compilation & Translation Press

目 录

汪晖评柄谷行人《哲学的起源》 / 001
赵京华评柄谷行人《哲学的起源》 / 001

序　论 / 001
    1　普世宗教 / 001
    2　伦理型先知 / 006
    3　模范型先知 / 009

第一章　伊奥尼亚的社会与思想 / 014
    1　雅典与伊奥尼亚 / 014
    2　Isonomia 与 Democracy / 018
    3　雅典的 Democracy / 023
    4　国家与民主主义 / 027
    5　移民与 Isonomia / 029
    6　冰岛与北美洲 / 036
    7　Isonomia 与评议会 / 041

第二章　伊奥尼亚自然哲学的背景　/ 047

　　1　自然哲学与伦理　/ 047

　　2　希波克拉底　/ 054

　　3　希罗多德　/ 058

　　4　荷马　/ 064

　　5　赫西奥德　/ 071

第三章　伊奥尼亚自然哲学的特质　/ 080

　　1　宗教批判　/ 080

　　2　运动的物质　/ 082

　　3　制作与生成　/ 090

第四章　伊奥尼亚没落后的思想　/ 099

　　1　毕达哥拉斯　/ 099

　　2　赫拉克利特　/ 116

　　3　巴门尼德　/ 127

　　4　埃利亚学派之后　/ 141

第五章　雅典帝国与苏格拉底　/ 151

　　1　雅典帝国与民主政　/ 151

　　2　智者与辩论的支配　/ 157

　　3　苏格拉底审判　/ 162

　　4　苏格拉底的谜　/ 168

5 灵机 / 174

6 苏格拉底的问答方法 / 178

7 柏拉图与毕达哥拉斯 / 184

8 哲学王 / 188

9 Isonomia 与哲学王 / 192

附录 从《世界史的构造》到《哲学的起源》 / 199

古代希腊史年表 / 206

译后记 / 209

《柄谷行人文集》编后记 / 212

汪晖评柄谷行人《哲学的起源》

在过去十年中，柄谷行人先后出版了《跨越性批判——康德与马克思》《世界史的构造》和《哲学的起源》三部曲，及多本思想性的小册子，将哲学、政治经济学和思想史等融为一炉，通过对 19 世纪以降的各种经典论述的再检讨，提出他的有关历史、资本主义和未来的总体性解说。在《跨越性批判》中，他通过对康德和马克思的互读，完成对黑格尔的批判，总结出当代世界的内在结构，即资本—民族—国家之三位一体。这一批判将他引向了《世界史的构造》的写作。在这部著作中，他像马克思一样将思考聚焦于经济活动，但以交换模式替换生产模式作为观察历史的透镜，区分出 A（互酬）、B（掠夺与再分配）、C（商品交换）和 D（X）四种类型及其相应的社会—政治形态，探索超越资本—民族—国家三位一体的历史路径。《哲学的起源》延续了《世界史的构造》对于交换模式的探索，但《构造》以超越不平等的自由交换如何可能为线索，而《起源》更侧重于对超越民主的自由——亦即自由人的联合体——的原理的探索。按照弗洛伊德"被压抑着的回归"的逻辑，这一对于未来社会的思考被置于对"哲学的起源"的回溯之中。他在伊奥尼亚的传统中重新发现了 Isonomia，即一种超越了氏族/部落联盟的、建立在个人之间关系之上的契约共同体，一种区别于斯巴达的平等和雅典民主的自由人联盟，亦即一种没有政治和经济支配的流动性的自治社会。柄谷行人在"哲学的起源"处发现了未来以及与未来共存的普世宗教。

柄谷行人在"历史终结"的氛围中思考"资本主义的终结"，他对未来社会的探索更加野心勃勃。在西方学术界，他对康德、黑格尔和马克思的思考和批判性挪用，触及了 19 世纪以降政治经济学和哲学的一些基本预设，从而引发了激烈的争论。通过对当代思想的持续的批判性介入，柄谷行人成为当代世界最引人注目的思想家之一。

——汪晖：清华大学人文学院中文系、历史系双聘教授

赵京华评柄谷行人《哲学的起源》

柄谷行人是当今东亚最重要的思想家之一,每部著作的出版都曾引起国际性的广泛关注,2012年问世的《哲学的起源》也不例外。真正的思想家,应该是那些勇敢面对某一时代人类社会的核心议题或思想危机而做出独特思考的人们。当今人类社会的最大思想危机,莫过于建基在工业革命之上而以资本—民族—国家三位一体形态存在着的现代资本主义体系及其意识形态之自由—民主主义的全面危机了。20世纪70年代以后,哈贝马斯、汉娜·阿伦特等西方思想家曾通过康德再解读而试图回归希腊民主政治的源头,以重温市民社会的制度原理和道德准则。然而,后来各国的新自由主义并没有从根本上拯救资本主义,社会民主主义也遭遇到前所未有的困境。柄谷行人《哲学的起源》则重点讨论希腊哲学本身,从而发现了被西方近代哲学所遮蔽的另一个希腊传统,即伊奥尼亚自然哲学中的Isonomia——自由人联盟(建立在个人契约之上而没有统治与被统治关系)的民主思想。柄谷行人认为,这个民主思想传统经过我们的重新钩沉和阐发，可以用来反思和超越现代民主主义，从而找到解决资本主义体制根本危机——对自由与平等无法两全——的新途径。

这无疑是具有原创性和冲击力的思考。作为东亚思想家，柄谷行人一贯注重理论和实践的密切关联，《哲学的起源》亦是如此。所讨论的问题发生在2000年前遥远的古希腊，但问题的核心却直击我们当下的制度和思想危机。简言之，自由—民主主义并非人类到达的最终形态，超越自由与平等两难悖论的新途径，其思考的契机就隐含在古希腊另一个被忘却的思想传统——Isonomia 中。

——赵京华：北京第二外国语学院教授

序　论

1　普世宗教

约公元前6世纪，在巴比伦的囚房中出现了以西结所代表的先知，伊奥尼亚则产生了智者泰勒斯，印度有了释迦和筏驮摩那大雄（耆那教鼻祖），中国诞生了孔子和老子。在同一时代平行出现这些人物，是一件令人惊讶的事情。对于这一现象，仅仅从社会经济史的角度是无法解释的。按照马克思主义的观点，这些都属于宗教和哲学这些由经济基础（生产方式）决定的意识形态性观念性上层建筑。不过，即便考察经济基础的变化，也依旧不能充分解释这一时期所发生的变化。

由此，便出现了另一种看法，即将这一时期的现象视为观念性的上层建筑层面发生的精神性革命或者进化。亨利·柏格森的《宗教与道德的两个来源》就是一个具有代表性的例子。柏格森认为，人间社会是一个小的"封闭社会"，道德也是适应人间社会而产生的。那么，这个封闭的人间社会是如何被打开的呢？人类社会在这个时期由封闭的氏族社会变为多民族进行交流的世界帝国是显而易见的,但"开放社会"的诞生并不单缘于此。柏格森指出,"封闭社会向开放社会的转变、都市向人类的转变,不单是由扩大所造成的。因为这两者的本质有所不同"①。

柏格森是在宗教的层面上看待这种变化的。他所谓的"封闭社会",在宗教的角度上,即"静的宗教",而所谓"开放社会"就是"动的宗教"。而形成静的宗教向动的宗教的飞跃的,则是"特权性的个人"。在柏格森的思想中,这一现象的深层,存在着"爱的飞跃",而"爱的飞跃"又来自"特权性个人的行为"中。

不过,我以为,"封闭社会"向"开放社会"的飞跃发生于宗教层面这一看法,从经济基础的角度也是可以得到解释的。只不过不是以往所谓的"生产方式",而是从"交换样式"的角度来看的。例如,宗教中从泛灵论到巫术—宗教—普世宗教的发展,便可以视作交换样式的变化。

通常,人们把"交换"理解为商品交换。我称之为交换样式 C。但是,这只发生于共同体与共同体之间,而并非产生于共同体以及家庭内部。在后者,存在

---

① 亨利·柏格森:《宗教与道德的两个来源》,平山高次译,岩波文库,第 328 页。

着赠予和回馈这种互酬交换，即交换样式 A。不仅如此，还有其他不同类型的交换，即交换样式 B。这是一种支配与被支配的关系，看上去似乎是交换，但只有当服从于支配者一方由此而得到安心感时，这才是交换。国家就是根植于这一交换样式 B 中。

宗教的变化，也可以从这种交换样式变化的角度来思考。简单地说，在泛灵论中，万物皆有灵。所以，人若不能抑制灵，就无法与对象发生关联。譬如就不能狩猎动物。面临这种情形，就通过赠予灵机来控制动物，将对象变成一种单纯的物。这就是供牺。死者的埋葬和葬礼，也是为了通过葬仪抑制死者之灵。巫术也是通过这样的赠予交换得以实现。利用赠予灵机将自然单纯物化，这便是巫术。如此看来，巫术师也算是把对象作为物来处理的、最早的科学技术工作者了。

在这里，需要注意的是，在流动性狩猎采集民的营居群社会，存在纯粹赠予但没有互酬交换；存在巫术但尚未发达。"封闭社会"和"静的宗教"是在他们定居之后形成的。在这个意义上，最早的流动民社会还不是"封闭社会"。说起来，并不是什么自然存在的东西。而是面临定居化带来的危机时所发生的一种"飞跃"。伴随定居化，财富和力量的积蓄成为可能，阶级和国家的发生也成为可能。而在氏族社会，赠予互酬的义务化防止了这一点。

总之，巫术是在定居以后的氏族社会发达起来的。

通过定居，在与众多他者和死者共存的人们当中，伴随互酬交换义务，各种各样的巫术也发达起来。因此，在氏族社会，酋长和巫术师的地位得到提高。不过，这一地位的提高最终还是在国家社会中得以实现的。在都市国家抗争中出现集权国家时，王（祭司）的权力得到强化，神也获得超越。

从交换样式的观点来看，在专制国家，交换样式 B 处于优越状态。但这种场合，王和臣民的关系与其说是征服—服从的关系，毋宁说更接近臣民积极服从并纳贡于王，然后从王那里获得保护和再分配的恩赐，即这样一种互酬关系（交换样式 A）。同样，神与人的关系也有这一特点。

在专制国家，神支配人，并被超越化，但在神与人的关系方面，还残留着之前带有巫术色彩的互酬关系。因此可以认为，神是超越性的存在，是超越人的意志的存在。但如果人向神进行赠予进行祈愿，神就要听从人的祈愿。在这种关系下，神的超越性也就无法充分实现。因为国家如果被打败了，神就要被人所抛弃。

另外，各个国家相互抗争的结果，形成了广域国家（世界帝国）。世界帝国的出现，不仅是由于军事支配的扩大（交换样式 B），广域交易圈（交换样式 C）的形成也可能造成世界帝国的诞生。这里的神也就超越以往的氏神和部落神，而成为"世界神"。但这还不是普世宗教。因为帝国一旦被征服，那所谓的世界神也将被抛弃。因而，世界帝国是普世宗教形成的必要条件，但还不是足够的条件。

对于普世宗教，也可以从交换样式的观点进行探讨。一句话，当交换样式 A 被交换样式 B、C 解体之后，要在更高层面上实现其复活的，就是普世宗教。换言之，基于互酬原理成立的社会，由于国家的支配和货币经济的浸透而遭到解体时，与之相适应的互酬式＝相互扶助型关系，就会在更高的层面上恢复。我称之为交换样式 D。

D 试图在更高层面恢复 A。但要做到这一点，需要首先否定 A。换一个角度说，即否定宗教中的巫术性。在这个意义上，马克斯·韦伯所谓普世宗教的特质，即"去巫术化"的看法是正确的。一般人们容易从与自然科学的关系这一角度考虑这个问题。但韦伯所说的去巫术化，却否定了以祭司和祈愿的形式让神服从人的意志的说法。"宗教行为并非'神礼拜'，而是'神强制'，对神的呼唤并不是祈愿，而是咒文。"① 对神强制的绝望使得对自然的科学态度成为可能。

在这里，从"交换样式"的观点来说，去巫术化意味着在人与神的关系上放弃互酬性。这其实是一件很难的事情。比如，在今天的任何一个世界宗教中，祈愿

---

① 马克斯·韦伯：《宗教社会学》（《经济与社会》第二部第五章），见武藤一雄等译，创文社，第 35—36 页。

这一形式中都残存着"神强制"。假如神强制被取消了，那将成为一个具有世界历史意义的事件。但这种事件并不是用"特权性人格出现或打开了'封闭社会'"之类便可以解释的。

2　伦理型先知

放弃神强制是如何做到的呢？我们可以在犹太教形成的过程中找到一个例子。在《旧约》中，记载了"神与人间"的契约、在摩西率领下逃出埃及直到在迦南（巴勒斯坦）定居后的大卫、所罗门等的国家发展历史。但另外，《旧约》的编纂是在从巴比伦囚房那里回来、教会得以确立之后。《圣经》所叙写的"历史"只能是此后重新结构或创造的物语。也就是说，作为普世宗教的犹太教，形成于犹大王国灭亡、成为囚房被押往巴比伦的人们之间。但它同时又映射了犹太民族的原始状态。

犹太民族最初是一个众多游牧民部落的盟约联合体。那时，他们在耶和华神下缔结了盟约。但这在当时并不是特别的事情。无论是美索不达米亚的都市，还是希腊的城邦，都是一样。当多部族形成一个都市国家时，总要信奉一个新的神。这是社会契约的一种形态。所以，犹太民族的"契约"也不足为怪。

犹太部族联合体的出现，在于其周边存在着庞大的国家（埃及和亚述）。也就是说，这一联合体是以同周边国家对抗的形式出现的。不过,他们在迦南地区定居开始农耕的时候,他们的生活已与此前的游牧民时代完全不同。之前的部族联合体,在大卫和所罗门时代发生了向埃及那样的"亚细亚式专制国家"的转化。人们用农耕社会的神(丰饶之神)取代游牧民时代的神,也是很自然的结果。

在所罗门时代,神反映了王权的强化并获得超越,但它还不过只是氏族神的延长。因为无论它是如何超越的神,如果在战争中被打败了,它就将被抛弃。这意味着,即使人对神是一种服从关系,但又处于试图通过"赠予""强制"神的关系中,即这种宗教在本质上具有巫术的性质。

事实上,所罗门之后分裂出来的两个王国之一的以色列王国灭亡的时候,神便遭到抛弃。接着,犹太王国灭亡的时候也是同样的状况。然而就在这一时期,在被迁往巴比伦的囚房之间,发生了未曾有过的事态。那就是,虽然战争打败了国家灭亡了,但神并未被抛弃,反而向人追问责任。这就是"神强制"的理念,是宗教的"去巫术化"。这否定了人与神之间的互酬性,神与人的关系由此发生了根本性变化。不过,从另外的观点来看,也是人与人关系的根本变化。

被迁往巴比伦的人们中,有不少是知识阶层,他们又主要从事商业。他们与包括宗教在内的旧的统治机构有一定距离,同时也脱离了农耕共同体,以个人形式存在。这些人在神下形成了新的盟约共同体,采用了"神与人间的契约"这一形式。这与游牧民的部族联合体的形成似是而非,也与活动于王朝时代的先知的思想不同。

先知们对官僚和祭司的横暴、人们的堕落,以及贫富差异进行批判,敲响如此下去国家将要灭亡的警钟。他们的主张是恢复游牧民的部族联合体,所谓"回到沙漠",也就是恢复交换样式 A,恢复互酬性共同体。不过在犹太教那里,这样的先知并没有什么特别。在专制国家,在任何一个产生了农耕民的地方,当共同体国家发生危机时,都会有这一类先知出现。不过,主张 A 的恢复本身并不等于它马上就可以催生出普世宗教。

另外,在巴比伦则诞生了脱离部族束缚、由自由平等的个人所组成的盟约联合体。这可以说是交换样式 A 在高层次的恢复,即交换样式 D。所谓在高层次的恢复,不仅是 BC,在某种意义上也必须通过对 A 自身的否定才能得以完成。具体说,首先需要每一个个人脱离部落共同体和国家。而囚房事件的发生恰恰满足了这个条件。

可是,在大约四十年后,波斯帝国打败巴比伦,巴比伦囚房获得解放,回到耶路撒冷。从此,犹太教会成为这些没有国家的人们的统治机构。也就是,在巴比伦形成的盟约共同体变身为由祭司和法律学者统治的集团。《圣经》的编纂就是在这一时期进行的。在编纂过程中，之前的先知的活动以及摩西神话都被赋予了新的意义。

正典《圣经》的编纂，是犹太教会按照神政政治的观点进行的。但在实际编纂过程中，又特别注意所有的法的安排处理都遵循了摩西的神谕。这样一来，巴比伦囚房就成为犹太教乃至犹太民族漫长历史中的一个片段。于是，作为犹太教真正起源的"巴比伦"便被"消解"。与此同时，已经成为普世宗教的犹太教再度转化为传统祭司支配的宗教这一事实也被人们忘记，其结果，犹太教就成为"犹太民族"的宗教。

实际上，直到罗马时代，犹太教在不断扩大普及。其原因并不在于犹太民族人口的增加，而是由于有越来越多的人致力于将犹太教改革为普世宗教。例如，作为犹太教的一派，耶稣教会得到发展。他们形成了一个具有联动性的共产主义式集团。相同的光景，在同时代发展壮大的其他宗派（如艾赛尼派）那里也可以看得到。这些宗教活动的目的，是要在犹太教中找回"巴比伦"时代所有过的盟约共同体。

3 模范型先知

如此说来，似乎普世宗教仅仅是由犹太或者犹太系列的先知所呈示。其实并非如此。在这一点上，韦伯关于先知之区别的论述很有启发意义。他把先知分为伦理先知和模范先知两类。前者属于《旧约圣经》的先知，如耶稣、穆罕默德等。他们是接受神的委托、告知神的意志的中介者，他必须要服从基于神的委托的那些伦理义务。后一类先知属于模范人物，如佛陀、老子、孔子等，他们自身即是范例，他们通过自身为他人指示宗教救赎的道路。可以看到，韦伯将通常并不被视作先知的思想家归入先知的行列，这使得以往对世界宗教的划分更加完善。

同时，这也完善了以往对哲学和宗教的区分。通常，哲学和宗教被视为性质不同的存在。哲学属于理性的范畴，而宗教则是非理性或超越了理性。哲学令人想到希腊，宗教则与希伯来有所关联。但实际上这种区分妨碍了对哲学以及宗教的认识。

譬如，以色列的先知常用"神的话"这一说法，但其实那是"人的话"。也就是说，那并不是来自神的话，而是人们对知识进行不断思考，然后将其认识作为"神的话"记述下来。① 另外，说到希腊哲学的起源，人们通常认为它始于伊奥尼亚的自然哲学，是对奥林匹

---

① 並木浩一指出，先知们对累积下来的知识进行批判性研究和判断，然后把它们作为神的话语进行叙述。这是他们的表现方式。"无法想象，这种做法对那些先知来说是一件内疚的工作。对他们来说，消解书写者的第一人称，将这些都处理为他人的话语，反倒是一件慎重而有意义的工作。如果不是这样，便无法解释编集者、增写者对预言书的大量介入。不过，在预言书的编集结束以后，情况就不一样了。"（《旧约圣经中的文化与人》，教文馆，第 28 页）

斯诸神的理性批判，因此哲学的起源恰好与宗教相反。可是，伊奥尼亚的哲学并不是无神论，他们对被拟人化了的诸神观念进行了批判，但反过来说，这种批判的前提，却是树立了未被拟人化的"唯一神"的观念。与普世宗教一样，自然哲学也通过"去巫术化"才能成为可能。所以它并不是狭义自然哲学范围内的东西。在此意义上，可以把伊奥尼亚的自然哲学家们看作模范先知。

在中国，都市国家相互争雄的春秋战国时代，被称作诸子百家的思想家们相继出现。他们在各个国家宣传自己的思想。他们所以被人们接受，就是因为当时的各个国家已经无法继续以往氏族共同体的传统老路。诸子百家中，有老子、孔子、墨子，还有韩非子所代表的法家和公孙龙代表的名家等。以今日之观点而言，法家属于政治学范围，名家则可以归入语言哲学的范围。其实，这种分类是没有意义的。这一时期出现的这种"飞跃"也无法归结到其中的某一家。重要的在于，多种多样的思想同时出现，并且相互争鸣。

在这些思想家中，老子和孔子后来成为道教和儒教的始祖，但并没有宗教的性质。老子倡导"无为自然"，但很明显，这与以老子为始祖的巫术性的道教并没有什么关系。因为无为否定巫术＝神强制。不仅如此，孔子说"不言怪力乱神"，又说"不知生焉知死"。尽管如此，孔子也既不是无神论者，又不是怀疑论者。

他不过是排斥巫术＝神强制的态度罢了。孔子相信具有超越性的"天"。不过他又以此把思想焦点转移到现世人间以及人间关系的层面上。

至于老子，他一直倡导"道"的概念。道，即是物理性物质性的存在，同时也是一种无限的存在。老子贡献的是一种自然哲学，一种政治性的哲学。正如信奉伊奥尼亚自然哲学统的人主张怀疑古希腊的 Nomos（法律习惯）而信奉 Physis（自然）一样，老子的自然哲学也直接通向政治。

从交换样式的观点看，老子的思想，首先是交换样式 A 的否定，即否定具有束缚性的共同体；其次是交换样式 B（使用暴力方式的统治）的否定。而孔子，面对春秋时代共同体和国家摇摇欲坠的现实，试图通过"仁"重建社会秩序。这意味着交换样式 A 的恢复。老子则不同，他对此持否定态度，斥曰"大道既废仁义安在"。所谓"大道"，在某种意义上，即 A 之前的那种流动民状态的世界所具有的存在方式。因此，"无为自然"的思想意味着交换样式 D。①

一般认为，老子和孔子的教义后来开辟出了新的宗教。但他们原本就是否定既有宗教的自由思想家。这一点，与以色列的先知以及伊奥尼亚的自然哲学家们没有

---

① 这也是老子后来被奉为道教始祖的原因，而且说明了道教为何一直成为中国历史上反国家社会运动之思想源泉的理由。

任何不同。如果我们囿于今天这种宗教、哲学、科学的分类，就难以真正理解公元前五六世纪所出现的具有世界历史意义的"飞跃"。这一飞跃，宣告了人类史上交换样式D的诞生。我对始于伊奥尼亚的"哲学"进行重新思考的理由就在这里。

第一章　伊奥尼亚的社会与思想

1　雅典与伊奥尼亚

佛陀与老子，都是古代社会转换时期出现的自由思想家。虽然日后他们都被视为宗教的始祖，但我们还是应该把他们看作自由思想家为好。而在另一方面，我想尝试的，是在"模范型先知"这一视角，重新定位同一时代伊奥尼亚地区的都市国家出现的自由思想家及其继承者。

今天，当我们说到伊奥尼亚的自然科学，我们从中看到近代自然科学的先驱形态，而对其他却视而不见。似乎伊奥尼亚的思想家们只是关心自然，而并不注意其他问题（今日的自然科学者大半如此）。这种看法不过是雅典哲学家（柏拉图和亚里士多德）所制造出来的偏见。柏拉图认为，苏格拉底使哲学从外在的自然研究转向人的研究、转向以社会中的人的行为为目的的研究（《斐多篇》）。亚里士多德则说，苏格拉底之前的哲学是自然哲学，从苏格拉底开始，哲学转向伦理考察

(《形而上学》第一卷三—六章)。也就是说，真正意义上的"哲学"是从雅典开始的，而在伊奥尼亚那里它不过是萌芽状态。

他们所制造的这一"观念"至今依然存在，要改变这个偏见殊为不易。这是因为除了柏拉图和亚里士多德的著述以外，我们很难再找到任何有关伊奥尼亚思想家的资料。如果我们一味依据过去留存下来的资料，我们就只能看到两位先人制定的"哲学"框架所限定规定的东西。要摆脱这种偏见，首先必须反思雅典中心主义的观点。

实际上，希腊那些有独特特征的思想，几乎都始于伊奥尼亚。比如，一般认为希腊的民主政治产生的原因之一，在于改良腓尼基文字、发明人人可以学习掌握的拼音文字（罗马字），而这正始于伊奥尼亚。后来成为希腊人的共同文化的荷马文学，也是用伊奥尼亚方言创作的。此外，形成希腊民主政治的另一个原因，即由市场而不是官僚决定价格，也同样始于伊奥尼亚。钱币铸造也源于伊奥尼亚人学习邻国吕底亚王国的做法，开始钱币铸造，促使货币经济和海外贸易最先在伊奥尼亚发展起来。

在伊奥尼亚的各个城市，汇聚了来自埃及、美索不达米亚等亚细亚各地的科学技术、宗教和思想。但是，对这些采取积极摄取态度的伊奥尼亚人却没有吸收亚细亚型专制国家独有的一些体系，如官僚制度、常备军、佣兵。他们没有像亚细亚的专制国家那样实行由国家官僚支配的价格制度，而是让市场决定价格。不仅如此，他们还将这一做法推广到其他地区。

关于城市国家的原理也是一样。希腊的城邦国家与以往的氏族社会不同，不是由血缘来决定，而是通过每个人的自主选择来实现的。但这一原理并非以同样的方式存在于希腊的所有城邦国家。它还是发源于伊奥尼亚的移民都市，然后扩展到其进一步派生出来的移民都市，最后扩展到希腊本土的城邦国家。

希腊本土的城邦国家原本始于部族联合体。譬如在雅典，就有家族—氏族—兄弟团、胞族—部族这样一级高于一级的四个部族存在。尽管雅典的社会已经不是氏族社会，但部族的传统依然存在。直到公元前508年，这一现状才得以消解，以"村"的方式进行改制（克利斯提尼改革）。但这并不等于那种超越血缘传统、基于自主个人的社会性契约的城邦国家已经形成。例如，在雅典的鼎盛时期——伯里克利时代，雅典的市民权还是根据血缘决定，而外国人（其他城邦国家的人）则受到排斥。

雅典的城邦，与希腊以外地区所形成的、作为部族联合体的都市国家基本没有什么不同。不论在美索不达米亚，还是在中国和埃及，最初都是作为部族联合体的都市国家通过相互抗争，形成专制国家。以色列的部族联合体也一样，到了大卫、所罗门王朝，才成为亚细亚式专制国家。而犹太教，是在以色列被巴比伦尼亚灭掉，许多人成为巴比伦囚房的时期，才产生出的否定雅典城邦的原理学说。

不过，希腊人所走过的路径却有所不同。其原因，不仅仅是诸如他们位于边境，保留了许多氏族习惯等所能解释的。因为在他们之先，已有人们南下希腊地区，历经众多都市国家的相互抗争之后，建立起了亚细亚式专制国家（迈锡尼文明和克里特文明）。毋宁说，这才是当时的一般路径。在这种国家形态崩溃之后南下的希腊人，也完全有可能走一条相同的路。然而，相同的局面并未出现，反倒是形成了许多自律性的城邦。

其原因就在于，希腊人具有拒绝国家的原理。但这又与他们保持氏族社会原理没有什么关联。诚然，氏族社会是抵抗国家的形成的。可当它一旦接受了文明，就一定会走向亚细亚式专制国家的方向。于是，氏族社会的特有习惯会发生变化，由对抗国家变为支撑和辅助专制国家。但是，后来南下的希腊人没有走这条路径。他们在否定氏族社会原理的同时，在更高一级的层面上，恢复了存在于氏族社会的对抗国家的原理。

这一现象，发生在伊奥尼亚——这片很多人从雅典和希腊本土移民过来的土地上。这里与"巴比伦"比肩、发生过许多具有世界历史意义的事件。伊奥尼亚和巴比伦，都是历史所无法忽视的存在。但是，它们所具有的划时代意义却一直被遮蔽于背后。假如没有"伊奥尼亚"，便没有雅典的政治和文化。反倒是雅典人，一方面接受着伊奥尼亚的思想和政治影响，一方面却又要极力压制伊奥尼亚。所谓的雅典"哲学"，用一句话来说，就是一面接受来自伊奥尼亚的思想，一面又要超越和克服它的企图。而这不单是一个哲学问题，更是一个政治性问题。

2　Isonomia 与 Democracy

人们在说到希腊的民主主义进展时，总是围绕着雅典来进行议论。这是错误的。我们应该从伊奥尼亚的角度来看待这个问题。但从另外一种意义上说，以雅典为中心的看法也是对的。理由是，在伊奥尼亚那里并没有 Democracy（多数者统治）。伊奥尼亚所有的，不是 Democracy，而是 Isonomia（无支配）。Isonomia 和 Democracy 本是不同的，却一直被视为相同。在《历史》一书中使用了 Isonomia 这一概念的希罗多德也同样不例外。以我所见，将 Isonomia 和 Democracy 这两个概念相区别并透过两者差异认识到其重要意义的，只有汉娜·阿伦特。

> 作为一种政治现象的自由，是伴随希腊城邦国家的出现而诞生的。自从希罗多德以来，自由一直意味着这样一种政治组织的形态，即，市民不分统治者和被统治者，在一种并无支配关系的状态中集

体生活。这种无统治的观念便被诉诸自由这一语言表现方式。依古代的人们而言,在各种统治形态中,自由的显著特征就在于欠缺统治这一观念(来自君主政治和寡头政治的——统治,以及来自民主政治的——支配)。都市国家并没有被当作民主制,而被看作自由。在当时,"民主制"这一说法意味着多数统治、多数者统治。但其实它原本是反对自由的那部分人所创造出来的词语。他们想告诉人们:"你们所谓的'无支配',其实不过是另一种形式的支配关系。那是一种最糟糕的统治形态,即民众统治。"

也就说,按照托克维尔的见解,我们每每把平等视为自由的威胁,而实际上平等本与自由相同。①

阿伦特认为 Isonomia 的原理存在于整个希腊。但按照这一看法,就会产生许多矛盾。后边将会论及即便站在她的理论角度,Isonomia 也是始于伊奥尼亚的。Isonomia 不是单纯的理念,而是存在于伊奥尼亚各城市的现实,当伊奥尼亚衰落之后,它以理念的形式扩展到其他城邦。

---

① 汉娜·阿伦特:《关于革命》,志水速雄译,东京:筑摩学艺文库,第40页。

Isonomia 发端于伊奥尼亚的原因在于移民者切断了此前氏族—部族的传统，也放弃了此前的限制和特权，而创立了新的盟约共同体。而雅典和斯巴达等城邦则形成了氏族的盟约联合体，保留了很多过去的氏族传统，并以城邦中的不平等或阶级对立的形式存在下来。在这种地方，要想实现 Isonomia，只有通过少数服从多数的原理实行统治。

在伊奥尼亚，人们摆脱了传统的支配关系，并获得了 Isonomia。这里的 Isonomia 不是抽象的平等，人们在实际的经济生活中也是平等的。这里货币经济发达，但并未因此造成贫富悬殊。其中的原因，将在后面详述。简单说，在伊奥尼亚，没有土地的人，并不是在他人的土地上劳动，而是移居到其他城市。因此没有出现拥有大量土地的地主。在此意义上，"Isonomia"带来了"平等"。

与此相反，在希腊本土的城邦，货币经济的发展造成了深刻的经济对立。许多市民沦为债务奴隶。为了阻止这种事态，在斯巴达，货币经济和交易被废止，人们彻底致力于经济平等。但代价是牺牲了"Isonomia"。而雅典则创立了一种新的体系，即在保持市场经济和自由的前提下，占国家人口大多数的贫困阶层，通过国家权力，对少数富裕者的财富进行强制性再分配。这就是雅典的 Democracy。

亚里士多德说过："平民主义政体的主要原则是自

由。这种自由的一个方面的特征是轮流地统治和被统治。"① 在这个意义上，民主制像是无支配。但在现实中，在财产方面又存在不平等。所以，亚里士多德又说："这样平民政体中就形成了穷人比富人更有决定权的局面，因为前者在人数上往往占有绝对优势，而多数人的意见起主宰作用。"② 换言之，民主制就是多数者支配。在民主制中，平等是通过限制少数贵族阶层的自由而实现的。尽管如此，我们还不能断言雅典的直接民主主义与近代的议会制民主主义不同，即不存在自由与平等的背反。相反，它恰恰暴露了近代的民主主义所存在的一切问题。

所谓近代的民主主义，即自由主义和民主主义的结合，即自由—民主主义。它是相互矛盾抵触的自由与平等的结合。如果指向自由，则带来不平等；指向平等，又会损害自由。自由—民主主义无法超越这一两难境地。而只能如钟摆一般，在追求自由的新自由主义和主张平等的社会民主主义（福利国家主义）这两极之间摆动。

现在，人们一般认为，自由—民主主义是人类所到达的最终形态，人类只能忍受着其极限，渐进前行。而另外，理所当然，自由—民主主义并不是人类社会的最

---

① 亚里士多德：《政治学》，姚仁权编译，北京：北京出版社2007年版，第118页。
② 同上书，第119页。

终形态，超越这一形态的可能依然存在。不仅如此，在古希腊那里，就可以找到实现超越的钥匙。但所谓古希腊，绝不是雅典。遵循雅典的 Democracy，并无法解决近代民主主义的问题。不仅如此，近代民主主义所具有的困难的原型，恰恰存在于雅典。

卡尔·施密特洞察到，现代民主主义是自由主义和民主主义这对相反存在的结合。在今天，人们把民主主义和议会制民主主义等同了起来，但其实没有议会，民主主义也是可能的。议会制并非民主主义的固有之物，而是属于自由主义。施密特说，"构成民主主义的本质的，第一是同质性，第二——在必要的场合——排除乃至毁灭异质的存在。"① 所以，"布尔什维克主义及法西斯主义和其他所有独裁体制一样，都是反自由主义的，却未必是反民主主义的"②。

说到古希腊，斯巴达是国家社会主义，雅典是自由—民主主义。斯巴达是以牺牲个人性，来实现经济平等；而雅典则允许市场经济和言论自由，但同时不得不面对不平等和阶级分化等现象的发生，雅典的 Democracy 主义是通过财富再分配来谋求平等化。而另外，雅典的民主主义依托成员的"同质性"，这种性质排除异质者。如前所述，这一体制在雅典民主制的黄金时期——

---

① 卡尔·施密特：《现代议会主义的精神史地位》，稻叶素之译，みすず書房，第 14 页。
② 同上，第 24 页。

伯里克利时代得到了强化。

进一步说，雅典的民主主义不只是榨取奴隶和寄居的外国人，还是通过统治其他城邦而得以实现的。比如，为消除市民在经济上的贫富差异，伯里克利通过提洛同盟从其他城邦掠夺来的财富，作为出席议会的酬劳分配给市民。总之，雅典的"直接民主主义"，是通过帝国主义的膨胀而实现的。在这个过程中，也产生出了煽动大众的民众领袖。由此可见，尽管我们可以在雅典那里找出现代民主主义的各种问题，却无法在那里找到解决问题的钥匙。

3 雅典的 Democracy

公元前 6 世纪中叶，伊奥尼亚先后被吕底亚（克罗伊斯国王）和波斯（居鲁士大帝）征服。各个城市都由那些臣服于波斯帝国的僭主所统治。而在雅典，僭主统治被推翻，民主获得发展（公元前 508 年，克利斯提尼改革）。不仅如此，雅典还通过波斯战争解放了伊奥尼亚的各个城市。其结果，在伊奥尼亚，雅典也成为民主政治的光辉先驱。Isonomia 虽作为语言留存下来，但其在伊奥尼亚曾有过的内涵已丧失殆尽。

比如，尽管希罗多德在《历史》一书中数次使用 Isonomia 一词，但他所谓的 Isonomia，与雅典的 Democracy 是同样意思。因为希罗多德虽然出生于伊奥尼亚，但在他成长的那个时代，伊奥尼亚的各个城市早已屈于波斯的统治之下，Isonomia 成为一个单纯的概念，已无法与雅典的 Democracy 相区别。

到了雅典人修昔底德那里，他已对伊奥尼亚毫无关心。他在《战争史》一书中说，雅典的诸城市是通过雅典人的移民而形成的。而实际上，这种看法是在波斯战争之后也就是"雅典帝国"统治伊奥尼亚地域之后才出现的。① 事实上，伊奥尼亚的移民来自各地，而不仅仅是雅典。伊奥尼亚人也不太重视出生地之类的人脉联系。因此，形成了不同于本土那种具有浓厚氏族社会传统色彩的另一种异质文化。在公元前 7 世纪，伊奥尼亚工商业发达并充满自由，已广为本土知晓。

一般认为，雅典的 Democracy 主义始于执政官梭伦所推行的改革（公元前 594 年）。为了救济沦为债务奴隶的平民，梭伦勾销了这些人的债务，还债务奴隶以自由，并禁止以人身为抵押举债。他还建立了由市民参与的评议会，赋予移居来的外国人以市民权。当然，这些措施并非梭伦独自一人考虑出来的。这是从伊奥尼亚那里学来的。梭伦是第一位试图实行 Isonomia 的雅典人。但同时他也因此而饱受挫折。

梭伦不久便被僭主庇西特拉图所取代。他察觉到庇西特拉图的野心，并向市民发出警告，但并未被人们接

---

① 欧里庇得斯的戏剧《伊翁》传播了雅典始祖即伊翁，也就是伊奥尼亚人的说法。这是符合雅典帝国主义需要的一种意识形态。

受,于是只有逃亡。但 Isonomia 在雅典没能得到实现的原因,还是在于不具备伊奥尼亚那样的社会条件。在雅典,贵族(大地主)和大众之间存在着经济上的不平等。只要没有经济上的平等,所谓政治平等的 Isonomia 就只能是空洞的。平等化只有通过没收土地和土地再分配才能实现。在现实中,大众也有这样的要求。而满足大众的要求的,就是僭主庇西特拉图的统治(公元前 560—前 527 年)。

人们认为,雅典的僭主政治持续到公元前 510 年,其后才是真正的民主政治的开始。这并不错。但是,僭主政治和民主政治在本质上并没有太大的区别。梭伦批判庇西特拉图反 Isonomia,但庇西特拉图认为,以梭伦的做法,并未实现 Isonomia,而要实现 Isonomia,首先需要获得独裁权力,实行土地再分配。对此,黑格尔认为,作为一个政治家,梭伦的认识还不够。梭伦和庇西特拉图其实是一对分担了这两个工作的伙伴。黑格尔说:

> 关于公共法律,对个人而言,如果不能洞察和了解其意义,就会觉得它像暴力一样。……最初是因为需要行使暴力,结果是民众具有了洞察力,法律不再是外界强加给自己的,而变成了自己的东西。大多数立法者和国家经营者都自觉承担对民众行使暴力、成为僭主这一责任。他们不承担,就会

有其他人承担。总之，这一局面是无法回避的。……梭伦和庇西特拉图所分担的两个工作，后来分别由柯林斯的佩里安德和米提利尼的庇达库斯（Pittacus）一人所完成。①

黑格尔认为，梭伦缺少这种认识。就是说，梭伦设想的目标，并不是用他自己的方式，而是通过僭主庇西特拉图的独裁才得以实现。不过，黑格尔也有疏漏。假若梭伦追求的是 Isonomia 的话，那么在雅典 Isonomia 最终也未能实现。的确，当庇西特拉图死后，僭主政治遭到废止，民主政治得以实现，但那又不过是与 Isonomia（无支配）具有本质不同的、另一种形态的支配。

黑格尔从雅典发现的，其实是近代的政治过程。近代的民主主义，首先经历了压制各种封建势力的绝对王政，或者开发独裁型体制；然后又通过市民革命打倒这一体制，进而获得实现的。如此必须经过一次权力集中方能实现制度目标本身，足以证明 Democracy 在本质上即是一种"支配"形态。在近代的民主主义革命中，旧的主权者（王）被杀害或流放，以往的臣下——国民成为主权者。但实际上，新的主权者——国民那里也隐藏着绝对主义的主权。民主主义是以经过权力集中的

---

① 黑格尔：《哲学史讲义》（上卷），长谷用宏译，河出书房新社，第147—149页。

方式实现的一种"支配"形态。

4 国家与民主主义

伊奥尼亚的城邦所以没落，是由于没有足够的军事力量进行自我防卫。伊奥尼亚人重视工商业，却忽视军事。而雅典却不同，他们和斯巴达一样，本质上就是一个战士—农民共同体，在他们那里军事是优先的。伊奥尼亚的货币经济的发展，使得这一经济形态渗透到希腊本土的各个城邦。虽然这些城邦的市民并没有从事工商业，但货币经济的渗透瓦解了战士—农民共同体，因为许多市民沦为债务奴隶。这立刻给依靠自费武装步兵的城邦带来军事危机。因此，为了城邦的继续存在，必须要进行社会改革。对此，贵族阶层也无法拒绝。

雅典人推进民主化的上述动机，与伊奥尼亚的 Isonomia 的形成过程颇为不同。而在斯巴达，民主化也已兴起：废除一切交易和货币经济、土地所有平等化。在某种意义上，这是一种彻底的"民主主义"。但这是有条件的。因为斯巴达人征服了临近的美塞尼亚人，把他们变成自己的奴隶，美塞尼亚又拥有肥沃的适宜农业的土地，斯巴达可以不需要交易。反之，斯巴达人却又需要一直防备希洛人叛乱，不断强化战士共同体。在这个过程中，就产生了斯巴达军国主义。

在雅典，已没有可能废止交易和货币经济，他们只能在接受这一切的同时，想办法解决阶级问题。而这办法，就是 Democracy。雅典的 Democracy，首先是维持国家的必要方式。换言之，军事促进了 Democracy。公元前 7 世纪中叶开始采用的所谓重装步兵人海战术，与过去的那种贵族骑马，平民作步兵的骑马战术完全不同。贵族不再被需要。不仅在斯巴达，在雅典也一样，这种战术的出现，促进了民主化。在波斯战争中，波斯一方是以奴隶为军舰的撑桨手，而希腊方面则是那些无力购置武器的贫穷市民做划桨手。战争的胜利，进一步提高了这些市民的政治地位。

总之，伊奥尼亚的 Isonomia，是伴随着独立的自营农业和工商业的发达而形成；而雅典的 Democracy，则是由于单一的军事上的理由，或者是适应战士—农民的要求而形成的。继庇西特拉图死后，其身后的僭主也被驱逐流放，随之克利斯提尼改革（公元前 508 年）兴起，严密的语言意义上的所谓民主，就是这场改革所带来的。因为正是这一改革，才催生了"demos"。具体说，克利斯提尼的改革，废除了贵族的权力基础——古老的部族制度，按照不同地域创立新的部族。具有地缘性的"demos"就出现于这个时候。"demos"不仅否定了作为血缘性观念的氏族社会，还意味着作为互酬原理的氏族社会得到恢复。在此意义上，"demos"与作为"想象的共同体"（安德森）的近代国民国家颇为相似。

雅典的 Democracy，无法与其"民族主义"相分割。雅典的外国人，无论如何富裕，都不能拥有土地，也得不到市民身份。他们得不到法律保护,却必须缴纳重税。雅典市民的身份虽为农民,但实际上并不从事农业。为了去参加战争或其他国家活动,他们把农业劳动交给奴隶。有土地而无奴隶,就无法履行市民义务。要做市民则需要有奴隶。因此,民主的发展,使得拥有奴隶愈发成为必要。与伊奥尼亚的市民相反,雅典市民蔑视手工劳动,将之视为奴隶的劳动。伊奥尼亚的思想家与雅典思想家的不同,首先体现在这一点上。

5　移民与 Isonomia

希腊的城邦曾有数百之多,这些城邦分分合合,不断争斗,成为希腊独有的现象。马克思将其原因归结为,古希腊社会虽然实现了高度文明,但又保留了其氏族社会的各种制度。"从定居阿提卡到梭伦时期,他们如此长期地维持古老的氏族组织,完全是由于各个部族的动荡状态以及无休无止的交战。"①

实际上,在诸如雅典和斯巴达那样的希腊本土城邦,保留了氏族社会的各种制度,例如雅典的植根于氏族社会的门阀统治。不过,形成希腊城邦特质的原理,并非由此产生。如前所述,诞生于古代世界各地的都市国家,都是经过相互抗争,走向亚细亚式的专制国家。

---

① 《摩尔根〈古代社会〉摘要》,见《马克思恩格斯全集》(补卷四),大月书店,第428页。

而希腊没有遵循这样一条路径的原因，并非因为它有氏族社会的原理，而恰恰是由于它具有否定氏族社会原理的原理，那就是来自伊奥尼亚的 Isonomia 观念。

所以是伊奥尼亚，就是因为那里的城市是由那些没有氏族传统的移民所形成，这些人没有受到血缘联系的束缚。就是说，这里的人们摆脱了所谓的互酬原理，即因为你出生在那里，就要回报那里给你的这一"赠予"。而这又与他们对于城邦的忠诚并不矛盾。他们自发地选择了了自己所属的城邦。城邦通过这种盟约而成立。人们的忠诚不是来自血缘，而是盟约。

他们是在阿波罗和奥林匹斯诸神的名义下缔结盟约的，他们对城邦的忠诚，就是对诸神的忠诚。值得注意的是，伊奥尼亚的城邦的诸神，并不是古老的氏族神，而是外来的奥林匹斯众神。在希腊，首先确立城邦原理的，不是残存着古老氏族社会的地区，却是恰恰相反的移民城市，后来又波及雅典和其他城邦。

由此可见，正是公元前10世纪到公元前8世纪间频繁的移民活动，形成了希腊城邦的独特性。其中，希腊的移民方式尤其重要。在伊奥尼亚，由移民形成的新的共同体，独立于之前的城邦和氏族。此外，米利都等城邦又进一步向其他地区进行移民。这种连续的移民，进一步消解了氏族社会的传统。

一般来说，移民通常会保持他们与自己出生的国家以及城市的联系。或者可以说，正是因为有这样的联系纽带，国家才向外部输送移民，以扩大自己的领土。例如罗马就是那样。但如果移民们与自己的出生城市联系紧密，或者出现从属关系时，移民活动就会成为各城邦进行扩大领土竞争的一环，结果造成小城邦与大城邦既有抗衡又可共存这一局面的消亡。事实上，在意大利，罗马市就取得了胜利，建立了帝国。像希腊那样，移民们脱离与出生城市或氏族的联系的情况，是很少见的。

产生这种现象的原因，并不是由于希腊本土的文明如何发达，反倒是由于雅典本土存在着顽强的氏族社会的传统。实际上，希腊人的那种移民方式是氏族社会的普遍方法。比如摩尔根就曾谈到过美国的氏族社会："当一个村落人口过剩时，移民团就会顺流而上或者而下，去建立新的村落。当这种情况一再发生，就会产生数个村落。虽然各个村落都是各自独立的自治集团，但为了彼此防卫，就会联合组成一个联盟或联合体。"[1]

伴随定居化而形成的氏族社会，随着其不断扩大，会在内部产生严重的不平等和对立现象。移民就是解决这个问题的手段之一。对此，人类学家特斯达尔有过这样的论述：

> 对流动狩猎—采集民来说，由于其社会组织比

---

[1] 摩尔根：《古代社会》（上卷），青山道夫译，岩波文库，第150页。

较脆弱、集团容易分裂，又处于流动状态，所以那种超过成员们允许范围的剥削无法存在。假若出现那种状况，被剥削者就会离开这里前往别处，集团也就分裂了。因此，集团的决定都要经过所有人同意。而在定居生活状态下，居民和集团的储备都呈现固定结构，给人们的自由移动带来困难。人们即使对集团抱有不满，也无法轻易离开，于是剥削愈加严重。①

在氏族社会，如果放任不管，定居社会就会发生阶级分裂，所以人们通过更加严厉的互酬交换原理来维持社会的平等性。但由于这种方式也存在局限，便想出移民的方法。移民的实施，为氏族社会重新带来流动性，并形成很多新的氏族，氏族联合也成为可能。由此，部族联邦得以形成。

希腊的移民活动也具有同样特点。通过移民希腊产生了众多城邦，这些城邦一方面相互进行战争，一方面又如奥林匹克运动会所象征的那样，形成了松散的联合体。而实现这一切的契机，就是面向伊奥尼亚的移民。移民催生了新的原理。在某种意义上，希腊本土向伊奥尼亚的移民，是基于氏族社会的原理进行的。因此，伊

---

① 阿兰·特斯达尔：《新不平等起源论》，山内昶译，法政大学出版局，第54页。

奥尼亚并没有受到移民母国的统治。但也正是因此,在伊奥尼亚,旧的氏族社会的原理遭到否定。

其结果是,伊奥尼亚的各个城市,回到比氏族社会更早的流动民的社会状态。当然,这不是说伊奥尼亚人重新回到狩猎采集民和游牧民状态。他们所恢复的流动性,只是大范围的交易和从事手工业生产。这意味着,放弃了希腊固有的战士—农民的一般传统。关于希腊人轻蔑职业技术的习惯,希罗多德这样说道:

> 我也无法明确判断,希腊人的这种习惯究竟是不是从埃及人那里学来的。因为据我所知,色雷斯人、斯基泰人、波斯人、利底亚人等,几乎所有的异国人(非希腊人)都认为,掌握了职业技术的人以及他们的子孙比其他市民下贱,他们尊崇非职业技术者尤其是专门从事军事的人。但无论如何,希腊人全都沾染上了这种习惯,尤以斯巴达人最为严重。而对职业技术轻视最少的,是科林斯人。①

其实,最少轻视职业技术习惯的,还是伊奥尼亚的各个城邦。只不过在希罗多德生活的时代,它已经消失

---

① 希罗多德:《历史》(上卷),松平千秋译,岩波文库,第269页。

而已。值得注意的是，正如希罗多德指出的那样，轻视技术职业，其实是一种以掠夺他人奴役他人为价值的文化。与此相反，在伊奥尼亚诞生的，却是以基于劳动和交换的生活为价值的文化。那么，伊奥尼亚的文化为何没有带来阶级分裂呢？换言之，伊奥尼亚为何能形成既有自由又有平等的 Isonomia 原理呢？

一般认为，货币经济的发达会带来阶级的分化。事实上，在雅典，货币经济的发展就使很多市民沦为债务奴隶。始于梭伦改革的民主化的发生背景也在这里。斯巴达废除货币经济实行共产主义，也是出于同样理由。但货币经济并非直接造就大地主和阶级分裂。真正的罪魁祸首不是交易，而是强迫他人劳动的体制。比如说，如果没有奴隶或债务奴隶那样的劳动力，就没有大规模的土地私有，也没有财富的积蓄。

但伊奥尼亚主要是独立的自营农民，而不存在拥有大规模土地的大地主。因为那里没有可供奴役的人群。没有土地的那部分人，不是在别人的土地上劳动，他们会到另外的地方去。不仅如此，与雅典和斯巴达不同，伊奥尼亚没有依靠奴隶制生产的体系。要想获得大量奴隶，并防止奴隶的反抗和逃跑，就必须有军事国家。伊奥尼亚的城邦没有朝那个方向发展，他们通过积极从事工商业和贸易来发展自己。

在伊奥尼亚，工商业和贸易的发展，并没有造成阶级与阶级的巨大差别。只有当政治权限不平等的时候，货币经济才会带来贫富差异。例如，海外贸易可以获得巨大利益，是因为它被国家垄断了。一般来说，远距离的贸易都是由国家进行的。当然，有时是官僚，有时也由商人进行，而国家对其课税。雅典也不例外。他们让居留外国人进行贸易，向他们课税。雅典发展成为贸易中心，但市民并没有从事商业。他们所积蓄的财富，主要是通过农园和在银矿劳动的奴隶获得的。而另一方面，扩展到整个亚细亚的伊奥尼亚人的贸易，却并非国家行为，而是私人性贸易。他们是通过工商业者的人脉网进行贸易的。在某种意义上，伊奥尼亚的城邦就是这些工商业者的评议会。当贸易不由国家垄断时，贸易的利润就会比较均等。所以，市场经济和贸易并不会直接造成贫富悬殊。在雅典，货币经济造成阶级分化的原因，是由于门阀（大地主）掌握着政权。

伊奥尼亚没有出现这种不平等，也没有这种支配—被支配的关系存在。换言之，那里存在的是 Isonomia（无支配）。如果某一个城邦里出现了不平等和支配—被支配的关系，人们就可以移居到其他地方。从根本上说，自由是以流动性为前提的。工商业的发展，为伊奥尼亚带来新的流动性。

从交换样式的观点来看，在伊奥尼亚，交换样式 A 和交换样式 B 被交换样式 C 所超越，不仅如此，作为交换样式 A 的基础的流动性，在更高的层次上得到恢复。那就是交换样式 D，即自由—平等的 Isonomia。如果说伊奥尼亚的民主通向现代的自由民主主义（议会制民主主义），那么伊奥尼亚的 Isonomia 则是建立超越民主主义体制的关键。

6 冰岛与北美洲

几乎没有什么资料可以显示伊奥尼亚的城邦的具体情况，但有两个方法可以去推测。一个是阅读伊奥尼亚的思想家们的文献。文献里即便没有明确表示政治性的意见，只要可以找到在伊奥尼亚诸城邦固有的社会体制下才有的东西，那就可能成为旁证。另一个就是找出在世界史中与伊奥尼亚相似的情况。在这一章，我们首先就后者进行论述。

譬如，欧洲中世纪或者文艺复兴时期的自治都市，便与希腊的城邦颇为相似。实际上，欧洲发生的是古希腊的"文艺复兴"。但两者之间也有重大差异。欧洲的自治城市是接受封建领主和教会的认可而建立起来的。在其内部，民主化是在与门阀、贵族以及教会的博弈中逐步得到发展的。博弈的主体，如德国都市中的同业工会、意大利都市的"坡坡罗"（市民团体）那样的职业团体。这与雅典的 Democracy 化过程颇有相似之处。但伊奥尼亚的城邦完全不同。它从一开始就不曾存在过氏族门阀和祭司的支配。伊奥尼亚的 Isonomia 原理，不是通过民主化或阶级斗争，而主要是通过移民和移动而形成的。

因此，有助于我们思考伊奥尼亚城邦的参照例有两个。一个是 10 世纪到 13 世纪的冰岛。那时的冰岛，是一个由独立自营农民构成的自治社会，那里没有君主，也没有中央政府和军队，一切事务均有农民集会决定。基督教会虽有存在，但和其他地区不同，这里的司祭并没有神职者的地位，并且几乎都有妻子。从各种意义上说，冰岛都不存在阶级的不平等和阶级统治。可以说，这里有过 Isonomia。

像冰岛这样的社会，不要说与同时代的北欧，即使与全欧洲的都市相比较，都是一个很特殊的例子。形成这种状态的原因，并不是物质性的条件。除了畜牧业之外，冰岛没有其他产业，也没有贸易。但反过来，我们也无法用"未开化性"来解释冰岛社会。在欧洲，部族意识十分强烈，支撑了封建制社会，但冰岛却完全没有这种部族意识。这有冰岛文学为证。尽管冰岛人来自北欧，但他们所创造的，是一种与北欧的神话以及武功叙事诗传统不同的摩登文学，即冰岛萨迦（英雄传奇）。这种冰岛萨迦不是口头创作，而是书面文学创作。在内容上，它描写部族酋长之间的战争，但又不同于武功史诗。作品始终贯穿着现实主义风格，并体现了男女平等意识。

冰岛的这种文学与欧洲武功叙事诗似是而非，但与产生于伊奥尼亚的荷马史诗很相像。荷马史诗属于赞颂英雄的武功诗，但同时又充满了对英雄的慨叹和抱怨。

这种史诗在伊奥尼亚的社会诞生，而冰岛萨迦也同样出现于一个 Isonomia 社会。此外，人们认为，北欧神话是伴随着希腊神话传播到北欧而产生的，但在冰岛人们却排斥北欧神话的诸神。在这个意义上，冰岛与伊奥尼亚排斥希腊神话诸神的自然哲学，与形成这种现象的伊奥尼亚社会存在着奇妙的相似。

那么，这样的社会是怎样出现的呢？唯一的理由，就是移民。870 年到 930 年间，来自挪威的移民（一万人至两万人）创造了冰岛这样一个社会。这些挪威人并不是有组织的移民，而是不同时期先后来到冰岛的个体移民，与挪威国家或者部族共同体没有关系。甚至可以说，这些人正是因为不喜欢前者才移居到冰岛的。这些移民的祖国挪威，是维京人建立的典型的侵略型国家社会。而冰岛则是由否定挪威的个人群体通过社会契约而形成的国家。因此，尽管当时冰岛的生产力很落后，但与同时代的欧洲社会相比，冰岛社会所取得的发展进步却十分显著。

18 世纪美国的梦想小镇（Township），则是类似伊奥尼亚 Isonomiade 的另一个例子。梦想小镇也是由来自旧社会的移民所形成的。当然，北美各地的移民与都市形成并非整齐划一。移民与其母国的关联程度决定了各地的差异。例如，西班牙和法国的移民目的地，基本上都是其母国的延长。在那里，大型农场成为中心，一旦劳动力不足，就从美国买进奴隶。另外，英国的移民地却没有这种现象,因为英国已经有了市民革命(1648年,清教徒革命)。对于美国这一移民地,除了课税以外,英国几乎不进行其他任何干涉。同时也允许来自英国以外的移民。

美国独特的市民体系,就形成于位于东部的英国移民地,被称为梦想小镇。在那里,移民来到后,会得到一定数量的土地,但会有数量的限制。因为即便得到大面积的土地,除了家庭成员之外,无法获得其他劳动力。而没有土地的人,也不在别人的土地上劳动,他们会去西部寻找生路。如果对小镇的政治不满,也可以选择离开。总之,在这里,小镇的成员具有的流动性(自由)保证了平等。因此,希望小镇具有 Isonomia 的特征。

小镇有镇评议会运营,有自治式的审判制度。小镇通常也不会扩大。在保证小镇自治性的前提下,与其他小镇联邦建立郡,郡也在保持自治性的同时,再联邦建立州。这种联邦制度,经常被认为是孟德斯鸠的影响。不过,后面将会讲到,这种联邦制度,在独立革命建立美利坚合众国之前就已经存在。

通过冰岛的自治社会和美国的小镇,我们可以推测伊奥尼亚的城邦是怎样一种可能的存在。第一,最重要的是,伊奥尼亚具有使流动成为可能的广大土地。因而才会通过自由实现平等。另外,就是遵守重视独立自营农民的劳动这一社会文化,使工商业得到发展。第二,在伊奥尼亚各都市的周边,不存在威胁他们的国家。尽管周边有一些吕底亚,但直到克罗伊斯国王时代,它们并没有侵略性。通过纳贡,伊奥尼亚的各都市就做到了确保独立与和平。这与英国移民地——美国的州通过向英国缴纳税金保持实质上的自治是一样的。

就这样,Isonomia—希望小镇的形成与存在,通过内在条件和外在条件得以实现。反之,当这些条件不复存在,Isonomia—希望小镇要么消失,要么变质。比如,1262 年,冰岛被丹麦所征服,冰岛的自治社会也就随之终结。灭亡的原因,不仅仅是外部侵略,内部的阶级分化也是原因之一。这一点,与伊奥尼亚城邦的没落有相似之处。

而美国,为了维持希望小镇,就必须有新的空间。否则,就要占领原住民的居住地区,但这又被英国所禁止。1763 年,酋长庞蒂亚克率领原住民举行起义,英国与原住民方面签订协议,宣布停止向阿巴拉契亚山脉以西移民。谋求开拓西部移民地的居民对此极为不满,之后谋求政治独立的气氛也越来越浓。为了维持梦想小镇的自治,他们需要从英国那里独立出来。为此,原本分散的各州必须联合起来。其结果,通过独立战争,之前的乡镇联邦变成了集权式国家。希望小镇和联邦制也就有名无实了。

流动性(自由)带来平等,但要保持这种状态,就需要扩张空间,用来实现流动性。在这里,Isonomia—希望小镇中包含着矛盾。美国独立革命的目的,是为了保卫希望小镇和联邦制,但同时让它化为虚无。另外,在伊奥尼亚,也未能实现联邦,结果没能抵御邻近吕底亚和波斯的侵略进攻。对此,希罗多德指出:"在伊奥尼亚失败以前,米利都人泰勒斯的见解是很有益的。泰勒斯的祖先是腓尼基人。但他认为,伊奥尼亚人应该设立单一的中央政厅,将它置于伊奥尼亚中央位置的泰奥斯,但其他城市仍维持不变,作为地方行政区。"① 也就是说,在希罗多德看来,泰勒斯主张,为了避免伊奥尼亚成为波斯的属地,应该建立城邦联盟。但人们没有接受他的意见,于是伊奥尼亚灭亡了。另外,这也启示我们,泰勒斯不仅仅是主张水为万物之源的自然学者,伊奥尼亚的自然哲学其实与政治有着密切联系。

7 Isonomia 与评议会

泰勒斯作为自然哲学家显露头角,是在他的晚年,即米利都遭受吕底亚统治的时期。对此,黑格尔有过以下论述:"希腊哲学开始于基督降生前六世纪,亦即居鲁士的时代,当小亚细亚伊奥尼亚诸自由邦衰落的时期。因为这个进入高度文化的美丽世界衰落了,所以发生了哲学。……于这一次伊奥尼亚诸城邦衰落同时,希

---

① 希罗多德:《历史》(上卷),第129页。

腊的另一部分脱离了旧贵族的统治。"①

对于"伊奥尼亚的共和国"和"自主创造出发达文化的美好世界",黑格尔没有任何说明。但他所说的伊奥尼亚的哲学出现于共和国没落之时,对我们具有启发意义。在我们的文脉上来说,这意味着,在 Isonomia 的危机中,哲学出现了。这个危机不仅来自外部,也存在于内部。因为泰勒斯所以未能实现建立联邦的目的,就是因为在许多城邦,Isonomia 已经瓦解了。

Isonomia 存在之时,对伊奥尼亚的人们来说,这是一个大家都明了的东西,所以没有人特意去阐释其意义,或者将其理论化。正是因为这个原因,我们看不到有关 Isonomia 的记录。与此类似,对于美国东部的移民们所实行的 Township,也同样没有人去进行阐释和理论化,一直到独立革命造成 Township 的形骸化时,人们才开始意识到它作为一种政治思想的价值,并加以重视。Township 所存在的不承认多数表决原理的直接民主主义,在独立革命以后,为中央集权和代表制民主主义所取代。杰斐逊由此强烈感受到共和制的危机。阿伦特特别注意到,杰斐逊主张"把郡分割为区"。"对杰斐逊而言,如果没有区制,共和制的基础就不牢靠。"

---

① 黑格尔:《哲学史讲演录》(第一卷),北京:商务印书馆1959年版,第162页。

假使杰斐逊的"基本共和国"计划得以实现，将远远超越法国革命时期巴黎公社的区或人民协会所呈现出的新型统治形态的微弱萌芽。不过，即使杰斐逊的政治想象力在认识深度和规模上多么出类拔萃，他的思想与法国革命的方向是一致的。杰斐逊的计划和法国的革命协会，都预示了在19世纪和20世纪所有真正革命中出现的苏维埃和德国莱特那样的评议会，其正确程度，简直匪夷所思。这种评议会出现的时候，必定都表现为人民自发性机构的形式，不仅发生在一切革命政党之外，而且完全不同于党和党的领袖的预期。但是，正和杰斐逊的提案一样，这种评议会，不仅遭到政治家历史学家和政治理论家的忽视，更为革命传统所完全忘却。即使那些明显同情革命、最终在他们的历史叙述中记录了人民评议会出现的历史学家们，也认为人民评议会在本质上不过是革命解放斗争中的临时性机构。换言之，他们没能意识到，评议会制度怎样把一个全新的统治形态即在革命过程中组织结构出来的自由崭新的公共空间呈现到自己的面前。①

然而有一点我不能理解，阿伦特在进行上述思考时，为何没有将"评议会"与 Isonomia 联系起来

---

① 汉娜·阿伦特：《关于革命》，第399页。

呢？况且她在同一本书里已经接触到 Isonomia 的问题。或许是因为，在阿伦特看来，Isonomia 是雅典乃至整个希腊的问题，而不是伊奥尼亚的问题也未可知。这一看法，出现于雅典成为希腊中心的那个时期。那时人们已经不再关心"伊奥尼亚"曾经有过什么。甚至在伊奥尼亚南方地区长大、继承了伊奥尼亚的学问的希罗多德，也将 Isonomia 与雅典的 Democracy 混为一谈，他没有意识到，Isonomia 不是一种统治形态，而是"在革命过程中组织结构出来的自由崭新的公共空间"。

雅典成为希腊中心这一时期，伊奥尼亚的 Isonomia 被人们忘却。与此类似的是，Township 所产生的美国革命的意义，不仅在海外被忽略，美国人自身也已经忘记了。"整个世界是如此无视美国革命，与此不相上下，美国方面的记忆丧失，即便没有那么严重，也同样不能忽视。"①

18 世纪末，在同一时期发生的两场革命中，具有世界性影响的，还属法国大革命。阿伦特认为原因在于，法国大革命的重要动机是"贫困"，而美国革命却没有这个问题。在"没有贫困的社会"里爆发的美国革命，后来没有产生法国大革命那样的巨大影响。实际

---

① 汉娜·阿伦特：《关于革命》，第 353 页。

上，在美国也一样，随着 19 世纪以后的阶级分化，来源于法国大革命的革命思想也开始产生了影响。

可是，"没有贫困的社会"，并不等于"富裕的社会"，而是贫富差距不大的社会。如前所述，在美国的市镇，没有土地的人会向其他地区移动，因此很难产生大规模的土地所有。也就是说，没有产生通过使役他人的财富积累。所以也就没有发生阶级分化。冰岛和伊奥尼亚也是这样。

另外，处于门阀支配下的雅典，贫富差距不断扩大。在那种情况下，产生了僭主庇西特拉图的"革命"。人们认为，民主政治是否定僭主的产物。但谋求土地平等化的是僭主，僭主被打倒以后，民主政治也往往会产生出僭主或煽动家。从本质上看，雅典的 Democracy 产生的原因就是"贫困"问题。在法国大革命中得到恢复的，就是这种 Democracy。另一方面的美国革命，则植根于独立自营农民的 Isonomia。只不过革命的意义被它的主人——美国人所忽视所忘却。于是，没有多久，Democracy 就成为了支配性制度。

不过，阿伦特对于有关美国 Township 的"记忆丧失"十分敏锐，而对有关伊奥尼亚 Isonomia 的"记忆丧失"却很钝感。同样的问题，也反映在他的老师海德格尔对希腊的理解上。海德格尔说，在苏格拉底以后的哲学中，存在者的"存在"被人们忘却。可是，这一见解并没有超越那种浪漫主义的认识——近代社会里，人们的共同体式的存在方式已经被忘却。如果一定要谈论"忘却存在"这个问题的话,我们倒是应该去关注,存在于伊奥尼亚的本来的 Isonomia 在雅典才完全被人忘却。

海德格尔的看法,基本上继承了尼采对苏格拉底之后的哲学的批判意见。即,苏格拉底之后的哲学变成了理智主义,而丧失了本能的直观和悲剧式的感受性。尼采虽然谈到"苏格拉底之前"的思想家们,但没有思考这些思想家们与伊奥尼亚思想的深刻联系。尼采认为,苏格拉底之后的雅典所失去的,并不是伊奥尼亚的传统,而是雅典的战士—农民共同体传统。海德格尔的这一观点,只不过是将尼采和同时代的浪漫主义观点投射到了希腊而已。

第二章　伊奥尼亚自然哲学的背景

1　自然哲学与伦理

关于伊奥尼亚的哲学，仅有柏拉图和亚里士多德留下一些史料。这部分史料在这两位哲学家的哲学史视角框架的规约下，呈现出其特有的样貌。他们提出，伊奥尼亚学派以外在自然为探究对象，而苏格拉底则改变了这种局面，他使得哲学研究面向社会的人类行为目的。即，伊奥尼亚的思想家们思考自然，但未将伦理和自我问题纳入思考范畴。但这种见解不过是对伊奥尼亚哲学的一种曲解。

所谓伦理，要探讨的就是个人如何生存的问题。但当个人从属于共同体时，并不存在真正意义上的个人。只有摆脱这种状态时，人才开始成为个人。这时人们会发现"自我"，会去思考"伦理"。在这个意义上，正是伊奥尼亚人最早探讨了伦理和自我的问题。而在同一时代，雅典尚不存在这些问题。因为在雅典，个人还从属于氏族阶段以来的共同体，而未获得自立。

但是，在由来自各个共同体的移民所组成的伊奥尼亚，从一开始就有"个人"存在。伊奥尼亚的城邦也是通过那些个人的"社会契约"而建立起来的。在这里，个人虽然是从传统的共同体自立出来的，但他们忠于自己所选择的城邦。这种忠诚来自个人意志，而不是因为自己出生于那里。因此，假如这个城邦不平等的话，人们就会离开那里。Isonomia 就是一个只有在这样的城邦才可能出现的原理。

雅典的情况则有所不同。雅典的城邦也是基于一种契约而形成的，但那是一种多氏族间的"契约"，而不是个人间的社会契约。那里的个人是从属于氏族共同体的。当然，在雅典，由于货币经济的渗透，也产生了个人或个人主义。有了这个条件，他们终于也开始接受产生于伊奥尼亚的 Isonomia 以及自然哲学。但是，这对传统的共同体来说已经构成威胁，不断成为他们攻击的目标。自然哲学否定城邦的诸神，是因为人们觉得神否定城邦（共同体）。比如伯里克利的好友阿那克萨哥拉，就是因为对神不敬而遭到流放。后来苏格拉底也以同样罪名被处刑。

柏拉图和亚里士多德强调苏格拉底的划时代意义，并不是因为苏格拉底创造了不同于伊奥尼亚的思想，而恰恰是由于苏格拉底最早接受了伊奥尼亚的思想，并付诸实行。在雅典，苏格拉底是最初作为"个人"而存在的人。在这个意义上，他是一个从雅典共同体独立出来的"世界公民"。但同时，他也是第一个自觉选择（而不是因为自己出生于那里）成为雅典城邦之一员的人。因此，他原本可以免遭处刑，但依然留在雅典，选择了死。

柏拉图和亚里士多德都认为，苏格拉底是为自己所出生的共同体而殉死的。苏格拉底一直被与外国智者混为一谈，但柏拉图和亚里士多德把两者区分开来，他们拥护苏格拉底。但应该说，苏格拉底其实是出现于雅典内部的智者，他在根本上是属于伊奥尼亚思想家这一脉络的。然而，柏拉图却声称苏格拉底属于观念论，他在对话录《智士篇》中，假借苏格拉底之口，述说自己与伊奥尼亚唯物论者的论争，将之比附为神话中众神与巨人族的战斗。可以说，与伊奥尼亚自然哲学的战斗，是柏拉图一生的事业。

可是，苏格拉底与柏拉图是不同的。真正继承苏格拉底精彩思想的，不是柏拉图，而是苏格拉底的直系弟子们，那些个人主义的、世界主义的思想家，包括昔尼克学派创始人安提西尼及其弟子第欧根尼·拉尔修。据第欧根尼·拉尔修的《希腊哲学家列传》记载，安提西尼否定观念，他写道，"柏拉图啊，我看到马，但看不到马的理念。"第欧根尼被人问到是哪国人时，回答说"我是世界公民"。由此可见，苏格拉底应该是属于否定观念论的世界主义者。这也意味着，他不但不是伊奥尼亚的反对派，而且原本就是这一派的。

伊奥尼亚的思想家都是城邦思想家。他们是世界主义者,在思考普遍伦理的同时,试图在自己选择的城邦中实现这些伦理。在这个意义上,他们是城邦型—政治型的思想家。因此,认为伊奥尼亚的自然哲学家们只考虑"自然学",是不符合实际的。例如,亚里士多德认为泰勒斯是一个"自然学家"(phusiologoi)。但事实上,泰勒斯作为一个技术家、数学家和政治家,从事过丰富多彩的活动,是一位广为人知的"智者"(sophoi)。由此可见,将泰勒斯的"智"限定于自然学是不恰当的。

泰勒斯的年轻朋友阿那克西曼德也是同样的情形。与主张水是万物之源的泰勒斯不同,他认为"无限定之物"(Apeiron)才是万物之源。这位阿那克西曼德不单对自然学,也对历史和文明史等抱有强烈兴趣。他曾经考察过希腊语罗马字母的起源,也研究过地理学。① 这一时期,米利都还出现了赫卡泰奥斯这样的批判荷马式作品的历史学家和地理学家。但这也可以视为广义上的"自然哲学"。

---

① 广相洋一这样推测:"关于阿那克西曼德的著作,据一本古代辞书(《suda》)记载,有《关于自然》《地志》《关于恒星》《天球》,以及其他'数册'。(中略)《suda》的记述证明了阿那克西曼德的学术关心的广泛幅度,其著作的内容不限于所谓的自然学,还涉及历史、地理和文明史等方面。"(《苏格拉底以前的哲学家》,讲谈社学术文库,第56—57页)

同样，这也适用于被视为伊奥尼亚自然哲学最终到达点的德谟克利特（尽管我个人认为应该是伊壁鸠鲁）。德谟克利特写过很多著作，但大多失传，有关自然学以外的著作，仅有下面的片段残存。①

> 人是小宇宙（断片34）。人应该避免犯罪，不是出于恐怖的念头，而是出于义务感（41）。有很多人，即便没有学过理法，也会按着理法来生活（53）。比起统治波斯国，我更愿意去发现和解决一个问题（118）。对智者而言，大地皆可同行。因为这全世界都是善良灵魂的故乡（247）。应该说，民主制下的贫困比起君主制下的所谓幸福更有价值。正如自由比奴隶状态具有价值一样（251）。

在上述断片当中，我们很容易发现雅典哲学家所不具备的伦理性。在雅典，个人属于城邦，伦理也产生于城邦。可是，对于德谟克利特来说，个人原本是独立于城邦的存在。在这个意义上，每个人都是"小宇宙"。因此，德谟克利特的伦理不仅是城邦的伦理，而且是世界的伦理。但对雅典的哲学家来说，这无法成为伦理学。在他们看来，不光是德谟克利特，其他的一般伊奥

---

① 广相洋一：《苏格拉底以前的哲学家》第二部十一《德谟克利特》。

尼亚思想家都缺少伦理学。所以，伊奥尼亚的哲学只不过是"哲学"之前的自然学。

诚然，除了自然哲学，伊奥尼亚的自然哲学家们似乎没有留下其他方面的著作。但这并不意味着他们没有对伦理和政治进行过思考。伊奥尼亚的思想家们是从"自然学"的观点，阐述对伦理和人类的认识的。他们一贯是将人类与世界作为自然来认识的。是他们，最早建立起上述这样一种视点。我认为他们的这样一种态度其实就是"自然哲学"。我以为，他们的自然哲学是无法与伊奥尼亚的政治（Isonomia）相分割的。

在谈论泰勒斯和阿那克西曼德等人的自然哲学之前，我想先来探讨一下两位典型体现了（即在雅典绝对不可能出现的）伊奥尼亚派伦理学和政治学的思想家。他们就是医学家希波克拉底和历史学家希罗多德。在他们那里，很好地体现出，伊奥尼亚的自然哲学具有不同于城邦共同体的新的"伦理"。他们两人均生长于伊奥尼亚南方的城邦。即使在伊奥尼亚被波斯统治之后，那里依然保留了他们的知识传统。

罗莎琳德·托马斯指出，希罗多德对医学、健康、医疗等领域抱有兴趣，对希波克拉底医学的一些领域了解很多。从这一点出发，托马斯还进一步考察了这两人所生长的东希腊（伊奥尼亚南部）的知识环境。

伊奥尼亚和东希腊的传统（如果把用伊奥尼亚

语写作的人都视作在同一传统之内的话），在公元前5世纪后半高度发达。其影响一直波及东爱琴海沿岸。公元前5世纪后半东希腊的知性世界所具有的活力，有助于我们解释《历史》一书的诸多活力，也有益于理解赫卡泰奥斯的作品与希罗多德在风格等方面的差异。如果要探求《历史》的知性环境，无论你抱有怎样强烈的兴趣，如果仅仅探讨五十年或者更早一点的伊奥尼亚作家，是不够的。公元前5世纪后半东希腊的知性世界曾经生气勃勃。《历史》一书所拥有的活力也多半来自那里，赫卡泰奥斯的作品与希罗多德之间那些不止于风格的诸多差异，也来自于此。①

托马斯认为，伊奥尼亚没落以后，东希腊出现了生气勃勃的知性活动，才产生了希罗多德和希波克拉底这样的人物。因为伊奥尼亚的独特的东西，还留存在伊奥尼亚的南方城市。那么，希罗多德自身为什么没有留意到这一点呢？实际上，当希罗多德生活在伊奥尼亚的南方城市（哈利卡尔那索斯）时，伊奥尼亚的各城市已经被波斯所统治，并实行了僭主政治。加上僭主们还策划进攻希罗多德所在的城市以及希波克拉底生活的城市

---

① Rosalind Thomas, *Herodotus*, Cambridge University Press, p. 272.

(科斯岛)。在这一时期,身为伊奥尼亚人并不是一件有名誉的事情。因此,希罗多德并没有赞美伊奥尼亚的传统。但他和希波克拉底都继承了伊奥尼亚的精神,这是无可置疑的。因此,我愿意在伊奥尼亚自然哲学的脉络中去考察这两个人。

2 希波克拉底

希波克拉底(公元前460—前377)认为,曾在埃及和美索不达米亚被称作"神圣病"、缘于神和恶灵作祟的癫痫病,其实不过是单纯的自然原因所致。这种看法继承了伊奥尼亚自然哲学。也就是不再用众神来解释世界的生成,而是去除神的因素,用自然来解释癫痫病。和泰勒斯一样,伊奥尼亚人从埃及巴比伦引进了天文学和数学,但拒绝了"占星术"。希波克拉底对"神圣病"这一观念的拒绝,正是继承了伊奥尼亚人的态度。

> 我现在讨论的病叫"神圣病"。依我看,它同样由自然的原因引起,一点也不比别的病"神圣""非凡"。它最初被视为"神圣",乃是由于人的无知,人们不知道此病的特点。现在还有人相信它的神圣性,根本原因还是由于对它不了解。人们用涤罪剂和咒语来治疗它,恰恰证明它的神圣性是假的。如果它被视作神圣是由于它的奇妙,那么,神

圣病就不是一种而是有很多种。我可以说明别的一些病的奇妙、怪异的地方并不少，但没有人认为它们是神圣病。

我的看法是，最早赋予该病以神圣含义的人是诸如我们今天说的术士、精炼者、江湖骗子和庸医。这些人自称极虔诚，而且知识渊博。其实是知识不多，又无有效的治疗方法，于是他们用迷信来掩盖自己，诡称这种病是神圣的，为的是他们不露马脚……（中略）但是，依我看他们的大多数议论和他们所想并不虔诚，这更意味着神圣并不存在。①

希波克拉底拒绝把疾病的原因归结于神。但这并不是对神的否定，而不过是对巫术性宗教（神的观念）的否定。希波克拉底的这种态度，是伊奥尼亚自然哲学所固有的。他试图从脑部疾患的角度来解释癫痫，并对以横膈肌来解释癫痫的理论进行了批判。他说，"膈肌的取名仅是由于机会和习惯，其中不含有真实的自然性，而且我也不知道膈有何能力使人想到它有神志。"② 对自然哲学家而言，神只能作为"自然"的作用而存在，那也正是医学所要探究的。另外，人们头脑中的诸

---

① 《希波克拉底文集》，赵洪钧、武鹏译，合肥：安徽科学技术出版社1990年版，第111—112页。

② 同上书，第121页。

神,不过是人制造出来的一种习惯和存在。

可是,今天人们将希波克拉底视为医学的模范,针对的并不是其医学理论,而是他作为医疗从业者的伦理性。他免费为穷人诊治疾病。在其"希波克拉底誓词"中写有下列格言,"所如之家,不问其自由人与奴隶之别,不犯非正,惟行医道","无论与医相关与否,严守他人生活私密",等等。

这种态度来自哪里呢?不必说埃及和美索不达米亚,就是雅典也绝不会出现这样的态度。在伊奥尼亚,人们对技术抱有强烈关心,技术本身也取得长足发展。但在雅典却没有产生这些。虽然那里尊重"对智慧之爱"(哲学),但恰恰是由于技术——奴隶和下层民众的工作——而被人们轻蔑。希波克拉底说,"有对人间的爱,就会有对技术的爱"①。"对人之爱"与雅典的"对智慧之爱"是不同的。雅典的哲学家缺少"对技术之爱",是因为他们缺少"对人之爱"。

伊奥尼亚的"人间之爱",不是从制度和习惯的角度,而是通过自然来看人的一种态度,也就是说,不用城邦、部族、氏族、身份的区别来看人。而产生这种态度的便是 Isonomia。Isonomia(无支配)意味着,个人不仅在参政权上是平等的,在更加根本的生产关系上,也不再存在支配—被支配的关系。因此,雇佣劳动和奴

---

① 希波克拉底:《关于古老医术》,第 221 页。

隶体制是不被承认的。因为它违背了自然。

雅典的 Democracy 存在着奴隶制以及蔑视排斥外国人的特征，希波克拉底的上述态度，显然不可能来自于此。因此，以为伊奥尼亚存在自然哲学但却没有对伦理问题的思考追求的看法，是很荒唐的。相反，对人间的探究、对伦理问题的求索，恰恰是从伊奥尼亚开始的。伊奥尼亚的城市没落之后，这一思想潮流通过流散到各地的伊奥尼亚人继续传播开来。比如公元前五六世纪时的医生阿尔克迈恩就曾解释说，疾病的发生，就是体内各要素间的 Isonomia 崩溃以及僭主的出现造成的。这个例子显示，自然哲学同时也是社会哲学。

> 按照阿尔克迈恩的说法，诸种力量，即潮湿的东西、干燥的东西、寒冷的东西、温热的东西、辛辣的东西、甘甜的东西，以及其他力量的均衡（Isonomia）维持着健康，但这各种力量之间的"独裁"，会产生出疾病。因为某一方面的独裁，会带来毁灭性的后果。①

雅典那些被称为智者的人，大部分都受过伊奥尼亚自然哲学的影响。他们对文化（即受到制度和习惯制约

---

① 《苏格拉底以前哲学家断片集》（第Ⅱ分册），内山胜利等译，岩波书店，第41页。

的不同的法的正义）产生怀疑，并对存在于其根底的作为自然的正义（自然法）进行诘问。正是基于这种自然法，公元前4世纪的智者阿尔西达马斯说，"神赋予万人以自由之身，故自然从未把任何人当成奴隶"（《赞美美塞尼亚人的演说》）。

对于智者有关自然法的议论，亚里士多德应该是很熟悉的。正是由于亚里士多德的引用，阿尔克迈恩的话才能留传到今天。苏格拉底的直系弟子安提西尼主张，自由人与奴隶的区别以及男女差别，并不是缘于制度和习惯，所以应该遵循自然来解决这些问题。这些见解应该是来自苏格拉底自身。对此，柏拉图和亚里士多德也都应该知晓。尽管如此，亚里士多德还是得出这样的结论："显然，有人天生即是自由人，有人天生即是奴隶。对于奴隶而言，被奴役不仅有好处而且是公正的。"① 在柏拉图那里，也有同样的见解（《国家》）。这种思想不同一般，而这就是雅典特色哲学家的"伦理学"。

3　希罗多德

从古到今，希罗多德一直都是医疗从业者的道德楷模，而希罗多德的历史学得到人们的高度评价，则是近

---

① 亚里士多德：《政治学》，姚仁权编译，北京：北京出版社2007年版。

些年的事。很久以来，与雅典的历史学家修昔底德相比，希罗多德的《历史》一书没能获得更高的评价。对于希罗多德，修昔底德自身也持批判态度。① 因为人们认为，希罗多德的《历史》包含了很多神话和传说，而非客观记述。因此希罗多德一直被人批评为"说谎"。但现在情况已经不同了。《历史》一书受到人们的广泛关注，人们认为，在使用跨学科方法进行历史研究时，《历史》已经成为具有重要参考价值的材料宝库。

《历史》的内容主要是记述波斯战争的历史。但在叙述战争之前，作者用了很多篇幅，对波斯、埃及和其他许多民族进行考察，包括对气候、生物、各种制度和习惯的调查分析。当然，其中也包含了各民族的神话和传说。在这个意义上，《历史》属于 histories（多元叙事）。一般来说，人们都把历史视为处理事实事件的科学。这里的所谓事实事件，是指那些充满明确变化的事

---

① 修昔底德说："我的记录已经去除了传说性的要素，也许很少有人读了会觉得有意思。但是，如果有人认为，在人性的引导下，今后的历史将会再次像过去一样经历一次类似的过程，并回望历史，想要把握过去的真相时，他们若能够在我的历史中发现价值的话，我将感到满足。这里的记述，不是为了取媚读者获得褒奖，我是为了作为遗产留给后代而写作的。"一般都认为，这部书是在暗里批判希罗多德。这一点即使可以被人否定，但修昔底德的《战争史》贯穿了与希罗多德的《历史》相反的方法论意识，却是无法否定的。

实现象。但有一些事实现象却不同，即，短期来看，似乎没有变化。但如果以数百年、数千年或者数万年的长度单位来观察时，就可以明显发现其变化。这些通常不被看作事件。但希罗多德在叙述战争的同时，试图关注和处理这一类"事件"。

自古以来，历史的记述中心都是国家兴亡以及其他政治性事件。历史在短期内、在变化清晰可见的层面，对事件进行描述。修昔底德便是从这一观点出发，观察和叙述伯罗奔尼撒战争的。这种样式的历史记述，不仅限于希腊，在中国也是一样。但马克思及其之后的历史学家，开始对这种历史观产生怀疑。马克思关注那些通过长期的视点才能认识清楚的"事件"，比如生产关系等。而"年鉴学派"则更进一步，去处理那些需要更长时间尺度来考察的"事件"。由此看来，希罗多德的《历史》其实是从各种各样的时间维度上，对历史事件进行了考察。

然而，希罗多德的《历史》在今天依然具有范例意义的原因，不止于此。其最重要之处，在于它没有自我民族中心主义。在现代历史学和人类学领域，除去个别先行者以外，直到 1970 年代之后，自我民族中心主义和西方民族主义倾向才逐渐被克服。

自古以来，无论哪个国家，都有过自我民族中心主义。比如，希腊人把不会讲希腊语的人叫作 Barbaroi（野蛮人），而且这种情况并不罕见。在中国，不光把异民族称为野蛮人，还会根据不同民族所在地域的方位，想出不同的称呼，即"东夷南蛮西戎北狄"。按照这个说法，日本就是东夷。不过，这被称作东夷的日本人，却将日本列岛北部的那些具有异质习俗的人们叫作东夷。

面对这种民族自我中心主义，希罗多德曾讥笑说："埃及人将所有与自己语言不同的人都叫作异国人。"① 他还说："不仅是狄奥尼修，几乎所有的神的名字，都是由埃及传入希腊的。我亲自调查考证过，希腊众神的名字都是从希腊以外的国家引进的。其中大部分来自埃及。"② 自然，当时的希腊人并没有这样的想法。因此，在雅典，这样的说法肯定是相当危险的。

那么，希罗多德何以能够摆脱自我民族中心主义，即希腊中心主义呢？这或许与他个人的特性有关，但更重要的还是缘于伊奥尼亚的独特环境。比如，亚里士多德就曾说道：

> 在寒冷地带居住的人以及欧洲各族居民的生命力都很旺盛，但在思想和技术方面却较为欠缺，所以他们大都过着自由散漫的生活，没有什么政体组织，也缺乏统治邻人的能力；亚细亚的居民较为聪

---

① 希罗多德：《历史》（上卷），第264页。
② 同上书，第195页。

颖而且技术精湛，但在灵魂方面惰性过大，所以他们很容易受人统治和奴役；至于希腊各族，则兼具了这两者的特性。因为希腊人既生命力旺盛又富有思想，所以他们既保持了自由的生活又孕育出了最优良的政体，并且具有统治一切民族的能力。①

这里所说的"欧洲民族"是指游牧民社会，"亚细亚民族"是指波斯和埃及那样的专制国家，而处于两者之间的希腊人则超越两者，并且具有支配它们的能力。这就是典型的希腊中心主义，不，是雅典中心主义。但在位于小亚细亚的伊奥尼亚，上述说法却未能成立。伊奥尼亚既属于希腊又属于亚细亚，但同时又哪儿也不是。伊奥尼亚的自然哲学家们从属于各自的城邦，但本质上他们是世界主义的。伊奥尼亚的城市衰落以后，生长于伊奥尼亚南方都市的希罗多德继承了伊奥尼亚的思想，尽管当时已进入雅典全盛时代。

说到希罗多德的先驱者，米利都的赫卡泰奥斯值得注意。他主张将神话和历史事实区分开，对荷马式历史持批判态度，并尝试用散文来叙写历史。希罗多德所做的工作，明显处在赫卡泰奥斯的延长线上。但他所继承的伊奥尼亚的传统，并未局限在狭义的历史，即政治性

---

① 亚里士多德：《政治学》，姚仁权编译，北京：北京出版社2007年版。

事件的历史上。如前所述，以阿那克西曼德为首的自然哲学家们，不仅进行自然探究，还将生物以及人类社会历史整体作为自然史加以把握。地理学就是其中一环。赫卡泰奥斯所写的《世界记述》，便是一本基于地理学的历史书。希罗多德所接受继承的，是自然哲学的态度，即，在根本上是从自然史的视角考察历史事件。

希罗多德的《历史》秉持了以自然为基础考察制度和习惯这一立场。他无时不在思虑，某一事件产生的原因，究竟是缘于文化·制度还是自然，或者是两者的结合。他将文化·制度看作一种相对的历史的存在，要从其中寻找某种普遍性的东西。希罗多德就是这样，对各地的习惯进行调查和分析。正如罗莎琳德·托马斯指出的那样，这时的希罗多德基本上接受了希波克拉底在《关于空气、水和场所》（《关于古代医术》）中提出的观点，即自然环境对人类的规约作用。

最后，我们再通过另外一个例子，看一看希罗多德对希腊中心主义的反省。希罗多德介绍了在波斯统治阶层内发生的一场论争。波斯七长老之一的欧塔涅斯（Otanes）主张实行 Democracy 制度："独裁者破坏了我们的祖先遗留下来的风俗习惯、侵犯女性、不经审判便剥夺人命。而依靠大众的统治则不同，首先，它具有 Isonomia 这一极其美好的名称；其次，这个制度可以防止一切独裁行径的发生。职务通过抽签决定，官员负责任地履行职务，一切国家政策均以公论方式决定。因此,在这里,我要提出我的意见,放弃独裁制,建立大众主权。因为每一件事情都关系到大众。"① 与此相对,迈加比佐斯主张寡头政治,大流士则提出独裁制最好。最终,大流士的意见获得人们支持,他本人也登上了王位(阿契美尼德王朝大流士一世)。

这场有关政体的议论,早于亚里士多德《政治学》(完成于雅典衰落时期)所做的考察。不过,在波斯人之间,是否真的有过这样的讨论呢?希罗多德表达了这样的意见:"对并不相信欧塔涅斯在波斯七长老面前主张采用民主制的希腊人来说,一个被认为是不可思议的事情发生了,所以我在这里要谈一谈。就是说,这时候,马铎尼斯完全排除了伊奥尼亚的独裁者,在各个城市建立了民主制。"② 也就是说,波斯人马铎尼斯排除了伊奥尼亚各城市(处于僭主政治下)的独裁者,建立了民主制。希罗多德所以要记述这些,无疑是为了打破当时存在于雅典的"希腊民主而波斯专制"这一延续至今的偏见。

4 荷马

很显然,伊奥尼亚的自然哲学,是以宗教批判的形式开始的。因为它不想再通过神来说明世界。不过,这

---

① 希罗多德:《历史》(上卷),第339页。
② 同上书,第222页。

一思想并不是在公元前6世纪中叶突然发生的。公元前7世纪以米利都为中心发展起来的工商业、海外移民活动的活跃，都是催生这一思想的重要背景。在此之前，伊奥尼亚的独特文化也有了长足发展，出现了荷马（公元前750年左右）和赫西奥德（公元前700年左右）的诗作。这些作品使用的是伊奥尼亚方言以及在伊奥尼亚发展起来的文字。不久，这些作品就传播到整个希腊，成为希腊人共有的基础教养。

荷马和赫西奥德的作品，并不是严格意义上的创作，而是在古代传承下来的希腊神话的基础上完成的作品。但是作者参照了哪些资料，现在已经不得而知。后来的希腊人反倒是通过荷马和赫西奥德来学习神话。在这个意义上，可以说，奥利匹斯的众神是被他们两个人创造出来的。换个角度看，他们的作品中也存在着伊奥尼亚社会经验的投影。

关于奥林匹斯众神，我们首先应该注意，它已经不同于氏族社会的宗教。对于没有氏族传统的城邦成员的团结来说，奥林匹斯的众神是必要的。这些神，不可能是氏族神的延长。正像希罗多德推测的那样，奥林匹斯的众神来自亚细亚。尽管如此，在亚细亚已经看不到这些神的踪影了。在亚细亚，伴随着帝国的形成，神也发生了变化，成为与世界帝国相对应的"世界神"。在美索不达米亚和埃及，存在着一神教和创世神的观念。所谓创世神，正如韦伯所说，是来自从根本上改变了自然界的大规模灌溉农业。在城邦林立、依靠雨水农业的希腊，不会出现这种神的观念。对希腊人来说，奥林匹斯众神应该是不难接受的。于是，在希腊的城邦，人们用奥林匹斯众神取代了以往的氏族神。

对于城邦之间的团结来说，奥林匹斯众神是不可缺少的。祭奉天父宙斯的奥林匹亚祭典便充分显示了这一点。不过外来的奥林匹斯众神也有弱点，那就是很难在各个城邦内部以及个人那里深深扎根。奥林匹斯众神，原本就游离于氏族共同体的基础部分，因此一旦遭到否定，就会烟消云散。当然，这是一个缓慢的过程。

在荷马史诗里，我们可以看到众神消亡的开始。在作品里，那些拟人化的众神，看上去在不停活动。然而，众神的拟人化正是其消亡的第一步。这种神的观念看上去很原始，但其实并非如此。在原始的观念中，神不是人格化的存在，而是一种超自然的神秘力量。可是，当神一旦被拟人化，原本超自然的神秘力量，就被置于自然的层面。神超越人类，但又和人类一样，也出于自然层面。与人类同样，被情念和欲望所驱动，相互争斗。宙斯是至高无上的主神，受到人们崇仰，但他也无力抑制其他诸神。所以，荷马及其他作家的作品中虽有众神登场，但看不到对神的尊崇。这里的众神就如同人间那些凶暴恣意、毫无责任感的统治者一样。

在《伊利亚特》中，特洛伊战争的爆发、战争的趋势、战局的一进一退，完全缘自众神的争斗。当神无法决定一切，比如阿喀琉斯与赫克托耳的对决，虽然各有众神声援，但依然无法决出胜负。于是，宙斯在天上用黄金秤决定二者的命运，最终裁定赫克托耳去死。也就是说，人类的"决定"，众神也无法介入。在《奥德赛》的开篇，宙斯说："人啊，让众神披罪，或许仅是出于那可恶之心；号称灾祸缘于吾等，实乃由于己身的不义之行，越过天定运命，而招致苦难。"①

荷马在这里要说的是，为某种神秘存在所左右的，并仅仅是人类，众神也是如此。人进行争斗，众神也一样。那么，人和神变成如此状态的原因何在呢？用一句话说，那就是敌对的互酬性，就是无休无止不断升级的复仇的连锁。奥林匹斯的众神无法制止这一复仇的连锁，因为他们自身也被这敌对的互酬性所支配。无论是《伊利亚特》，还是《奥德赛》，其主题都聚焦于这互酬原理，并且最终超越了它。荷马所要追究的是，无论神还是人，驱动他们的本性（本原）到底是什么。伊奥尼亚的自然哲学，在提出这样的诘问。

这些作品为荷马一人创作的说法，很早就受到人们的怀疑。现在的一般看法是，公元前8世纪中叶，确有荷马其人，他根据古代吟诵诗人保存下来的英雄传说的记忆，创作出了通常所说的荷马史诗。不过，这一说法

---

① 荷马：《奥德赛》（上卷），松平千秋译，岩波文库，第12页。

也有令人怀疑之处。作品描写了"英雄时代",即由共同体的贵族构成评议会、再由包括君王和贵族在内的共同体一般成员构成市民评议会这样一种社会。但从历史的角度看,特洛伊战争爆发时期,相当于迈锡尼国家的末期(公元前1200年前后)。当时那里已经形成伴随青铜器文明的高度发达、具有家产官僚制的亚细亚式国家。因此,在这一时期,荷马所描写的"英雄时代"并不存在,而"传承"并不存在的东西,是不可能的。

另外,关于荷马史诗,重要的并不是作者是谁,而是为谁创作的问题。当然,那首先是面向伊奥尼亚的市民创作的。不清楚这一点,就无法理解荷马史诗。在迈锡尼国家崩溃之后的"黑暗时代",在希腊各地,都市国家(王政乃至贵族制国家)纷纷出现,彼此间一直争斗不断。荷马以及他的读者所看到听到的,就是这一现实。在这个意义上,荷马描写的"英雄时代",与其说是那之后的时代,不如说是将希腊都市的社会现实投射到过去的结果。因此,尽管荷马史诗属于描写英雄战争的武功诗,但实际上却充满了对英雄战争的否定。例如《伊利亚特》全篇都流露着女人们对战争的悲叹和哀怨。

荷马史诗与歌颂战士或贵族阶级"英雄"的意识形态并无关系,它是对民族及城邦间那种无休无止的争斗的批判。在《伊利亚特》的结尾,阿喀琉斯杀死了赫克托耳,但同时也放弃了继续复仇。同样,《瑟赛蒂兹》通篇描写的就原本不是英雄。作为一个外国人，奥德赛流浪乞讨还乡，他向趁他不在之机折磨自己家人的仇敌展开复仇，却不忍殃及仇敌的家人。总之，这些作品最后都放弃了复仇的连锁。

从交换样式的观点来说，私斗（缘于私人利益和情感的争斗）和复仇，都是敌对互酬性的一种表现。在通过多数部族盟约形成的都市国家，私斗和复仇受到抑制。但统治阶层内部的私斗却不曾消失，都市国家之间的争斗也无休止的继续。因此，敌对互酬性也就继续存在。直到这些都市国家历经争斗，最终统合成专制国家时，这种敌对互酬性才会结束。

当专制国家（家产官僚国家）建立起摆脱互酬性人际关系的官僚和常备军队体制时，"法治"（依法统治）出现了。法治通过统治者遵守自己发布的法律得到实现。这种法治，将敌对互酬性一扫而光。① 比如，《汉穆拉比法典》里就有一条，叫作"以眼还眼"。但其意并不是鼓励人们去报复，而是禁止报复的环环相生。

---

① 专制国家要得以成立，就必须要建立一个制度，使王能够受到自己发布的法律的约束。这是支配者与被支配者之间建立的社会契约。所以，专制国家不是自然形成的，而是依据一定的思想建立的。在中国，这种思想就是诸子百家中的法家。比如，商鞅就是以这种方式将秦国变成强国。而另外，存在于伊奥尼亚的社会契约，也是根据同等者之间的共同意志而形成的。

如前所述，希腊的迈锡尼国也是一个家产官僚制国家。在其崩溃之后的"黑暗年代"，部族乃至都市国家间的对抗争斗一直不断。但这时的希腊，并没有选择重建专制国家的道路。那么，希腊是如何排斥专制国家、扬弃敌对互酬性的呢？秘密就在伊奥尼亚的移民都市。在这里，在那些离开各自氏族和城邦的移民者中间，产生了一种对等者相互之间的社会契约。荷马以及他的读者，就生活在这样一个城邦原理正在形成中的地方。关旷野在谈到《伊利亚特》里的阿喀琉斯放弃复仇时说：

> 是什么东西阻止了这种恶性暴力循环的增殖呢？荷马的描写——女神忒提斯（Thetis）一边为儿子阿喀琉斯重回战场而叹息，一边交给他那面新的盾牌，已经暗示了她的答案。盾牌正面的浮雕，以鲜明对照的方式呈现出和平的美好丰饶与战争的灾祸，而在和平世界的中心，可以看到在广场上举行诉讼审判的市民们。与这一市民诉讼集会完全相反的制度，则是阿卡亚军队的集会——反战士兵瑟赛蒂兹主张从特洛伊撤兵，被奥德赛用棍棒打翻在地。以辩论和讨论的方式进行判决，取代了宙斯用黄金秤做决定的荒唐做法。在这里，与使用盲目的、徒令事态恶化的暴力方式做出决定不同，语言的生动力量开始发挥作用，并引导人们走向友爱与

和平。①

值得注意的是,在荷马生活的公元前 8 世纪,并非整个希腊都能见到"在广场上举行诉讼审判的市民",而仅仅局限于荷马及其读者所在的伊奥尼亚的都市。在那里,"法"不再是王或神的恩赐,而是市民之间经过大家同意而形成的。因此,需要大家的思考和讨论。荷马或许参考了开始出现在伊奥尼亚的 Isonomia,或者是预感到了它的出现。

从以上考察可见,荷马作品中对众神的拟人化,与神话无关,它只是呈现了那种可以改变人类行为的体制,并且发现克服那种体制的关键,其实就存在于广场诉讼和评议会之中。在这个意义上说,荷马不愧是伊奥尼亚的宗教批判以及自然哲学的先驱。

5　赫西奥德

接下来我们来看赫西奥德。他是一位在创作时很介意荷马作品的诗人和思想家。他在《神谱》一书中,对神话世界进行了梳理:最先有卡厄斯(Chaos,混沌),然后是盖亚(Gaea,大地)生出乌拉诺斯(Uranus,天空)和俄刻阿诺斯(Oceanus,海洋)。这些都是自然的神格化,而非人格神。最早的人格神,是盖亚

---

① 关旷野:《柏拉图与资本主义》,北斗出版,第 37 页。

和乌拉诺斯之间诞生的十二个提坦巨神（Titans）。其中最小的是克洛诺斯（Kronos）。盖亚遭到乌拉诺斯背叛，于是便和克洛诺斯一起谋划报复。克洛诺斯和姐姐瑞亚（Rhea）结了婚，但他害怕孩子，孩子一生下来就会立刻被吞掉。只有最后一个孩子宙斯免遭厄运。宙斯长大后，救出了被父亲吞下的哥哥和姐姐（赫拉、德米忒耳、赫丝堤、哈得斯和波塞冬）。宙斯和他的兄姊们住在奥林匹斯山，被称为奥林匹斯神族。宙斯一族与泰坦神族的战斗一直持续。最终，宙斯取得了胜利，取代父亲克洛诺斯成为众神之王。宙斯三兄弟用抽签方式，决定由宙斯统治天空，波塞冬统治海洋，哈得斯统治冥界。

类似的神话，在亚细亚的各个地方都有。一般来说，它反映了从都市国家间的对抗争斗到专制国家形成这一过程。那时，掌握霸权的神还是一种超越性的存在。不过，赫西奥德所总结的希腊神话，有一点与已经形成专制国家的地区不同。不错，在希腊神话中，宙斯也掌握了霸权。这个过程反映出，正是从众多城邦相互抗争的"黑暗时代"中，形成了不同以往的新的秩序。但这种新的秩序不是专制帝国，而是众多城邦间的联邦。宙斯成为至高无上的神，就体现了这一点。而在这一点上，祭典宙斯神的奥林匹克运动会的召开（公元前776年）便极具象征意义。

可是在希腊，一直没能出现超越性的神的观念。美索不达米亚和埃及有过创世神的观念。与前所述，那是因为那些地区产生了完全改变自然的大型灌溉农业、专制国家。可在依赖雨水农业的希腊，却很难接受同样的神观念。对人类和其他诸神来说，宙斯是超越性的，但对自然、神格化的自然来说，它又是从属性的。

譬如，宙斯受着厄洛斯和克洛诺斯（时间）的支配，他的上面还有一个万物之本（大地）的盖亚存在。作为人间神格化的宙斯，处于作为自然神格化的众神之下。赫西奥德将来自人类的众神置于自然的各种力量之下。后来的自然哲学家们，拒绝赫西奥德的诸神说，但却继承了他的思考框架。

在有关自然史生成之后，赫西奥德又论述了人类社会的生成。他从神话的角度展开自己的说明，但实际上他是从火（技术）和劳动的观点考察人类社会的历史。他首先从普罗米修斯盗火带给人类讲起。作为对普罗米修斯盗火的惩罚，宙斯把那位名叫潘多拉的女人送给人类。"须知在此之前，人类各部落原本生活在没有罪恶、没有劳累、没有疾病的土地上。命运三女神给人们带来了这些灾难。（须知在不幸中人老得很快。）这妇人用手揭去了瓶上的大盖子，让诸神赐予的礼物都飞散出来，为人类制造许多悲苦与不幸。唯有希望仍逗留在瓶颈之下的牢不可破的瓶腹之中，未能飞出来。"①

---

① 赫西奥德：《工作与时日神谱》，张竹明、蒋平译，北京：商务印书馆1991年版，第4页。

从此,人类严酷"劳动"的日子开始了,但"希望"还残留着。实际上,这种乐园丧失——回归的叙述模式并没有什么特别,它充斥在美索不达米亚。希伯来的"失乐园"神话就来源于此。但赫西奥德视其为历史发展的一个阶段,这一点值得我们加以注意。尽管他的叙述方式是神话式的,但实际上是将技术置于其叙述的基础当中,从人类与自然的关系的立场看待和考察历史。

他认为,远古曾有过黄金(种族)时代,然后是白银时代、青铜时代、英雄时代,现在则是不祥的黑铁时代。在这里,"金"和"银"都是象征性意义,但"青铜"和"铁"则体现着其原意,意味着拥有青铜和铁器的文明阶段。英雄时代则是指特洛伊战争等时代。最后的"黑铁时代",则是拥有铁制武器的强大国家形成的时代。也就是赫西奥德自身所处的时代。那个时代,专制的纳贡制作家已经出现。

在赫西奥德看来,"黑铁时代"即现在处于糟糕的状态,但"希望"还存在。"白昼黑夜,无不为劳役和苦恼所折磨,时时刻刻,没有停息,众神也背负深重的忧烦,种种祸患之中,是否可有些许善事哉。"他接着又说,"倾听正义的声音,忘却一切暴力。"① "虔信宙

---

① 赫西奥德:《工作与时日神谱》,张竹明、蒋平译,北京:商务印书馆1991年版,第9页。

斯神的正义，勤奋劳动。""人类只有通过劳动才能增加羊群和财富，而且也只有从事劳动才能备受永生神灵的眷爱。劳动不是耻辱，耻辱是懒惰。"①

赫西奥德提出，"希望"并不是在彼岸，而是在现世的勤奋劳动中。只是，这种想法，在战士居于支配地位的社会，在只有奴隶和农奴才从事劳动的社会里是绝不会出现的。这是伊奥尼亚地区的移民们的看法。借用韦伯的话来说，这显示了独立自营农民的劳动伦理。伊奥尼亚人的确是拥有这样的劳动伦理。

泰勒斯等自然哲学家的出现还在后面，但从公元前8世纪开始，伊奥尼亚就已经具备了产生这些自然哲学家的土壤。与雅典人完全不同，伊奥尼亚人是如此的重视技术。乔治·汤姆森说："波斯战争之前的两个世纪里，人们开始使用羊毛剪、手工石碾、葡萄酒榨酒机和起重机等。其后，一直到希腊主义时代，没有任何有关发明的记载。因而，不仅是商业，在工业进步方面也一样，公元前五世纪是一个转折点。是什么中止了这一进步的过程呢？回答就是，这个世纪是一个奴隶制真正掌握了生产的世纪。"②

但是，与汤姆森所说的相反，正是由于雅典人蔑视

---

① 赫西奥德：《工作与时日神谱》，张竹明、蒋平译，北京：商务印书馆1991年版，第10页。
② 乔治·汤姆森：《最初的哲学家们》，出隆·池田薰译，岩波书店，第231—232页。

劳动（手工劳动），才走向了奴隶制。当然，对手工劳动的轻蔑并不限于雅典。正如刚才所引用的赫西奥德的论述，游牧民和战士一类的人非常蔑视手工劳动。家产官僚制国家以及奴隶制社会当然也蔑视劳动。所以，在古代，肯定劳动，看重技术的社会是很罕见的。大概在伊奥尼亚以外是没有的。如果像韦伯所说的那样，宗教改革产生了支撑近代资本主义的劳动伦理，那么在伊奥尼亚工商业发展的背后，就存在着一种"宗教改革"①。

正像赫西奥德所说，伊奥尼亚人积极肯定劳动。在此意义上，他们是"实践性"的。亚里士多德认为，发展学术，需要闲暇。"当这诸种技术均已具备的时候，既不是为了快乐也不是为了生活的认识（各种学问）便产生了。而且，是在最早开始这种闲暇生活的人们所在的地方，学问最先发生。因此，在埃及一带才会最先

---

① 吉尔伯特·穆莱说，奥林匹斯众神的出现就是"宗教改革"，它意味着对氏族宗教的超越。但是我在这里所说的"宗教改革"是伊奥尼亚所固有的。它随着伊奥尼亚的没落而消失。穆莱再次注意到伊奥尼亚。"最后。我们必须记忆的是，在雅典兴起之前，伊奥尼亚不但是希腊最富于想象力最睿智的部分，还是在知识和教养方面高度发达的一片土地。荷马的宗教是希腊通往自我实现的第一步，这种自我实现作为一种自然的趋势发生于伊奥尼亚。"（《希腊宗教发展的五个阶段》，藤田健治译，岩波文库，第92页）。但对于伊奥尼亚的历史特异性，穆莱却完全没有予以关注。

产生数学等各种学术。因为那里的祭司阶级具有享受闲暇生活的余裕。"① 在亚里士多德看来，"冥思苦想"是一种非常美妙的东西，而闲暇就是其必要条件。

然而，伊奥尼亚人即便有了闲暇，也绝不去"冥思苦想"。在亚细亚，作为冥思苦想的各种学问是通过神官、祭司发展起来的。而在美索不达米亚和埃及，伴随着专制国家，超越性的神的观念得以确立。承担这一使命的神官，同时又从事天文数学等自然学的工作。可在伊奥尼亚，既没有专制统治和官僚制度，也没有超越性的神的观念。神官和祭司虽然存在，但他们没有权力也没有权威。因为伊奥尼亚的社会不承认那种超越性的地位。

在伊奥尼亚，不存在那种特别闲暇的人（祭司和贵族）。即使是泰勒斯，也从事过多种工作，从技术者到政治家。他的认识，总是"实践性"的。例如，伊奥尼亚人从亚细亚那里接受了天文学，却没有接受占星术；接受了诸神，但没有接受超越性的神的观念。在伊奥尼亚，早在自然哲学产生之前，就已经存在这样的精神环境了。

这里想要附记的是，伊奥尼亚的城邦与希腊本土城邦的差异。希腊的城邦属于盟约共同体，它是通过以新

---

① 亚里士多德：《形而上学》，见出隆译：《亚里士多德全集》（第十二卷），岩波书店，第6—7页。

神取代旧的氏族神的方式形成的。这所谓新神,即是奥林匹斯众神。例如,在伊奥尼亚阿波罗神是守护神,而在雅典,守护神却是雅典娜神。这里想要补充的,是伊奥尼亚的城邦与希腊本土城邦的差异。希腊的城邦属于盟约共同体,它是通过以新神取代旧的氏族神的方式形成的。这所谓新神,即是奥林匹斯众神。例如,在伊奥尼亚,守护神是阿波罗神;而在雅典,却是雅典娜神。不过两者的差异主要还不是诸神本身,而是诸神和祭司所享有的地位及作用。在由移民构成的伊奥尼亚的城邦,诸神不过一种礼仪性的象征,即象征那些从各自旧的氏族共同体脱离出来的诸个人的社会契约。因此,神官和祭司没有什么特别的权威。而在希腊本土城邦,诸神和祭司不过是原来旧的氏族社会的诸神和祭司的延长。所以,比如德尔斐地区的神官就具有权威。这样看来,比起伊奥尼亚的思想家,雅典的"哲学家"明显继承了祭司和神官的特性。

而伊奥尼亚的思想家则不同,在希罗多德的时期,他们就已经具有了超越狭隘共同体的眼光。比如希罗多德就主张不能将"正义"限定在某一国家。

> 相反,人们如果对任何外来人和本城邦人都予以公证审判,丝毫不背离正义,他们的城市就繁荣,人民就富庶,他们的城邦就会呈现出一派爱护儿童、安居乐业的和平景象。无所不见的宙斯也从

不唆使对他们发动残酷的战争。饥荒从不侵袭审判公正的人,厄运也是如此。他们快乐地做自己想干的活计,土地为他们出产丰足的食物。①

城邦之正义,必须是普遍之正义。产生城邦之原理,必须适用于世界的城邦。因此,正义的国家,将在诸多国家的"永远和平"中得到实现。这种见解,正是伊奥尼亚式的看法。自然哲学家出现的契机,在于希罗多德对神话的否定,但自然哲学的核心部分,早已存在于希罗多德的思想中。

---

① 赫西奥德:《工作与时日神谱》,张竹明、蒋平译,北京:商务印书馆1991年版,第8页。

第三章　伊奥尼亚自然哲学的特质

1　宗教批判

以泰勒斯为首的自然哲学家，不是依据神来说明世界。尽管这未必等于否定神，但至少他们清算了以往那种拟人化的奥林匹斯众神。不过这种态度并不是突然出现在公元前 6 世纪中叶的伊奥尼亚的。在某种意义上，这一倾向从赫西奥德的时代就已经开始了。如前所述，赫西奥德的《神谱》一书已经显示了伊奥尼亚式的特征。即，一方面具有神话特点；另一方面又具有合理主义（自然神论）的特征。不过，在一些方面，自然哲学与赫西奥德还是具有根本性的差异。

一般而言，人们是这样解释自然哲学的。即，在工商业发达的伊奥尼亚各都市，人们不再依赖神话和巫术宗教，而进行合理主义的思考。假如果真如此的话，那么在伊奥尼亚最为繁荣的公元前 7 世纪，自然哲学就已经存在了。但实际上，伊奥尼亚的自然哲学是在伊奥尼亚都市崩溃的时期才出现的。自然哲学产生于伊奥尼亚的社会危机中。

　　这一危机，通常被认为是来自吕底亚和波斯的侵略。事实上，伊奥尼亚的各都市先是被吕底亚征服，接受从属于吕底亚的僭主的统治。但造成危机的，不仅是外部原因。在外部原因发生之前，伊奥尼亚内部已经出现危机了。比如，泰勒斯曾试图组织伊奥尼亚各都市建立联合体，以防止外来威胁，但未能取得大家支持，最后以失败告终。也就是说，危机其实存在于内部。在伊奥尼亚的各都市，贫富差距和支配—被支配的关系相继出现，显示 Isonomia 开始崩溃。与此同时，相对于城邦即社会契约集团的观念，城邦即氏族的神话式共同体的观念变得更有市场。

　　为了对抗这一倾向，泰勒斯为首的米利都自然哲学家们在解释世界时，不再理会神。他们再次提出，城邦的形成，是基于社会契约，而非神和氏族传统。他们试图建立没有支配—被支配关系的社会，即重建 Isonomia。在此意义上，自然哲学的本质其实是一种"社会哲学"。

　　在此之前，伊奥尼亚人没有思考过他们自己实行的这一切具有何等意义。人们往往在某一事物即将消灭的时候，才会察觉到它的意义。而那已经是公元前 6 世纪中叶的事情了。在伊奥尼亚各地，随着 Isonomia 的解体，民主主义的改革开始进行，并且多半走向了僭主政治。比如公元前 538 年，萨摩斯岛上的波利克莱托斯就成了僭主。此人曾和朋友毕达哥拉斯一起尝试进行政治改革，但在改革的过程中，他却逐渐变成了一个独裁者。这是因为社会现实需要改革，而民众也支持僭主。不仅如此，这种状态不单存在于萨摩斯岛，整个伊奥尼亚都可以看到。正是在这一状态下，自然哲学家们开始探索原始物质问题。

泰勒斯的年轻朋友阿那克西曼德这样写道："对于存在的诸事物来说，它的消灭也会遵循必然，朝向其生成的本源。因为这些事物，也要相互遵从命定，接受犯错的惩罚，补偿过失。"① 关于自然，阿那克西曼德这样看待惩罚和补偿的意义，不免令人感到奇妙。但如果从社会哲学的角度来看，其实是指向对阶级社会和僭主政治现实的批判，以及 Isonomia 的重建。

2 运动的物质

按照亚里士多德的看法，泰勒斯认为水是原始物质。他说：

> 所以有这样的见解，大概是因为在他看来，万物的养分都是有水汽的东西，热本身也因水而产生并生存。然而，万物由此生成的那一物质，才是万

---

① 《苏格拉底以前哲学家断片集》（第 I 分册），内山胜利等译，岩波书店，第 181 页。

物的原理（初始、本原）。或许泰勒斯的见解确实是出于这个原因。但应该还有另一个原因，那就是万物的种子都具有包含水汽的自然属性，而对于包含水汽的东西来说，水才是其自然原理。本来，按照一些人的看法，在距今遥远的往古，最早谈到神的人们对自然问题也抱有同样的看法。也就是说，这些诗人们，把俄刻阿诺斯和忒提斯奉为万物生成的父母，并且在众神的誓约里，还出现了诗人们称之为斯提克斯那个地方的水。①

正如亚里士多德所指出的那样，包括泰勒斯在内的自然哲学家们揭示的原始物质，并非观察的结果，而是来自赫西奥德的神话。比如，继泰勒斯之后，阿那克西曼德也提出，原始物质即"无限定"（译者按："阿派朗"，apairon）。"无限定"是唯一的，但通过连动，其内在的对立之物——热的与冷的、干的与湿的等——会发生分离，继而生成万物。

与泰勒斯的"水"相比，阿那克西曼德的所谓"无限定"，呈现为一种抽象观念的形态。但从某种意义上说，这一概念也即是赫西奥德的"卡厄斯"的翻版。赫西奥德说，盖亚（大地）以及大地幽深之处的塔尔塔罗

---

① 亚里士多德：《形而上学》，见出隆译：《亚里士多德全集》（第十二卷），岩波书店，第14页。

斯（Tartarus，冥界）生于"卡厄斯"，而盖亚又生出了天空乌拉诺斯（Uranus）、山脉乌瑞亚（Ourea），以及海洋蓬托斯（Pontos）。换言之，这"无限定"生出了"水""空气"和"土"等。

可是，关于自然哲学，重要的并不是何为原始物质，而是原始物质自身的运动。在自然哲学看来，物质和运动是不可分离的。在神话中，形成物质运动的，是众神。但一旦排除了神，就必须在物质本身那里发现运动。泰勒斯认为"水"自身是运动的，其背后没有什么原因。泰勒斯所提出的原始物质，其自身均具有运动性。所以它被视为如生命和魂灵一般。据称泰勒斯说过，"万物均有神"①。所以，孔佛德（Cornford）认为，在自然哲学里，存在着继承了原始思考的物活论（物质有灵）。不过，在这里，泰勒斯并非在宣传巫术性的观念。相反，正是为了排斥这种巫术性的思考方式，他才提出物质是自我运动的。

需要再次强调，物质的自我运动是自然哲学的关键。在这一点上，所有自然哲学家都持同样立场。而另一方面，在原始物质或曰本源性的质料（物质材料）究竟是什么这一点上，却有意见上的分歧。如前所述，泰勒斯主张是"水"，而阿那克西曼德则认为有四种元

---

① 亚里士多德：《灵魂论》（第五章），见山本光雄译：《亚里士多德全集》（第六卷），岩波书店，第34页。

素（土、水、火、空气），彼此相互转化，形成超越四种元素的"基体"，即"无限定"。如此看来，比起泰勒斯将"水"视为原始物质来，阿那克西曼德的思考显得更加深远。

接下来，是阿那克西曼德的弟子阿那克西米尼。他主张"空气"才是原始物质。① 再后，又有赫拉克利特提出"火"为原始物质的看法。这种种说法的出现，看上去很奇妙。因为这些人所提出的原始物质，其实都包含在阿那克西曼德的四种元素中。如果阿那克西曼德是在其他人之后出现，做了综合工作的话，那事情就很好理解。但事实上却并非如此，后面那些人居然要回到泰勒斯那里去。这究竟是为什么？

阿那克西曼德的"无限定"，不是可以感知的物质，而是一种抽象观念。② 如前所述，它是神话中的

---

① Simplikios（译者按：公元6世纪希腊新柏拉图主义哲学家）这样说过："他本人（译者按：即阿那克西米尼）也和他的老师一样，主张基体是单一而又无限的。但与阿那克西曼德主张无限定不同，他认为是有限定。而那就是空气，并提出空气因稀薄和浓厚程度的不同，其存在方式也不同：稀薄时就是火，浓厚一些则为风，再浓就是云，依次是土以至石头。并且还可以产生出这之外的物质。他又说，动是永远的，变化由动而生。"（《苏格拉底以前哲学家断片集》（第Ⅰ分册），内山胜利等译，岩波书店，第184—185页）

② 其实，世界由"一"（即"无限定"）所生成的见解，很适合思考费希特的观念论，以及田边元所说的"绝对无"之类的辩证法问题。

"卡厄斯"的另一种说法,与泰勒斯的说法相比,也并没有实质性的飞跃。因此,为了真正超越神话,就必须重新强调,物质并不是被神驱动,物质自身是运动的。阿那克西米尼之后的人们,即是沿着这一方向进行思考的。

相反,如果否定物质的自我运动,即将物质和运动分离开来考虑的话,将会是一种何等状态呢?那你就必须设想产生运动的主体是什么。于是,尽管你已经排除了神,却不得不再次导入观念性主体。比如柏拉图就认为,物质不能自身驱动自身,驱动物质的是神。神是有目的地考虑整个宇宙的制作者。而亚里士多德则不同于柏拉图,他在某种意义上继承了自然哲学的思想,承认物质的自我运动性。但他同时认为,运动(生成)是产生于物质的内在原因。在亚里士多德那里,没有制作者这样的主体,但他所谓的"原因",实际上与前者并没有什么不同。

亚里士多德所说的原因,即质料因与动力因、目的因与形式因。他认为,泰勒斯为首的米利都学派找出了质料因与动力因,却没有发现目的因与形式因。不,不是他们没能发现,而是他们有意识地进行了否定。目的因与形式因是在事物生成之后,才能发现的。基于这种事后观点,亚里士多德认为运动具有目的(终点)。而他所谓的目的因,实际上不过是将终点投射到起点而已。

米利都学派思考物质的自我运动问题，是为了否定预设物质的自我运动背后有某种存在（即作为制作者的众神）的那种神话式思考。但在亚里士多德所说的目的因那里，遭到米利都学派驱逐的众神重新出现。当然，让神复活的，并不是亚里士多德。但他还是把神看作运动的终极原因。因此，他所谓的"第一哲学"（形而上学）就变成了神学。① 后来，亚里士多德的形而上学成为伊斯兰教和基督教的"神学"基础，并非不可思议。

当这样的神学取得优势地位之后，从泰勒斯到德谟克利特的自然哲学便被埋葬了。而自然哲学的恢复，则是在欧洲文艺复兴时期。打破亚里士多德式的思辨哲学桎梏的，当然也就只能再次导入自然哲学。文艺复兴实在可谓伊奥尼亚自然哲学的"文艺复兴"。但是，实现这一切，得益于伊斯兰文化圈里保留了自然哲学，另外在欧洲，特别是在意大利的都市里，出现了与伊奥尼亚都市类似的状况。

恩斯特·布洛赫（Ernst Bloch）指出："中世的静态世界像，反映了身份制社会的情形。对此人们有着完全不同的正反评价。物体的自然状态被视为静止状态；而运动状态被看作异常状态，物体的任何运动都会消耗

---

① 亚里士多德本人并未曾使用过"形而上学"这一概念。他将探讨存在于自然学根底之奥妙的学问称为"第一哲学"。在他死后，人们编纂其讲课笔记时，将其作为"自然学"之后的学问，称之为"形而上学"，后来又变成对"第一哲学"的指称。

自身。因此，物体的运动状态本身总会一点点慢下来。"① 而在文艺复兴的自由都市，人们思考的是没有目的的运动和生成。但是，这种状态没有持续下去。因为自由都市没过多久就被国家（绝对王政）所吸收。随之，运动的物质这一观念也遭到否定，新型的二元论（笛卡尔的精神及其延长）占据了支配性地位。

需要再次强调，在自然哲学那里，质料自身是运动的这一想法至关重要。被处以火刑的思想家乔尔丹诺·布鲁诺（Giordano Bruno, 1548—1600）便将其理解为"产能自然"。布洛赫接着说："乔尔丹诺·布鲁诺从新异教的立场出发，将苏格拉底之前的哲学家的视线重新注入世界，将'超越'从物质那里夺走的长子继承权重新夺回，以此拯救那被人称为'灰色''无骨''钝重''死物'的可怜的物质。"② 这一时刻，物质作为产能自然获得苏生。布鲁诺至今仍和伊奥尼亚自然哲学家一样受到非难，称其将物质视为生命是一种魔法式的思考。

在宇宙论方面，布鲁诺也继承了自然哲学。当哥白尼推翻亚里士多德—托勒密的天动说，并倡导地动说时，布鲁诺予以了坚决支持。但同时，他也批评了哥白尼，主张太阳系不过是存在于无限宇宙中的众多世界的

---

① 恩斯特·布洛赫：《文艺复兴的哲学》，古川千家等译，白水社，第158页。
② 同上，第52页。

一个。这一说法其实是阿那克西曼德主张的一个回归——阿那克西曼德认为，宇宙是无限的，我们的世界不过是众多世界中的一个。布鲁诺对阿那克西曼德的看法并不知情，他是在无意当中，实现了伊奥尼亚自然哲学的"文艺复兴"。

斯宾诺莎接受了布鲁诺的产能自然的思想，并予以全面展开。在他看来，自我产出的自然才是神，而人格神不过是人类孩童时代家庭体验的投影，是一种想象的产物。斯宾诺莎对神人同形论持批判态度，他嘲讽说，假如三角形能说话，那它一定会说，神就是出色的三角形。斯宾诺莎没有提及自然哲学，但他所说的，与那位出生于伊奥尼亚科罗丰的游吟诗人色诺芬尼的揶揄几无二致。

> 人类以为神也是（像人一样）被生下来的，穿的衣服、发出的声音以及长的样子也和人类一样。……假如牛、马和狮子也长着手，或者会用手画画儿、与人一样创作作品的话，那马就会画出长得像马的神，牛也会画出像牛的神，各自都会按着自己的样子，为神赋予形象吧。①

---

① 《苏格拉底以前哲学家断片集》（第Ⅰ分册），第273—274页。

据说，色诺芬尼还说过："在众神和人类之间，唯一的神是最伟大的，无论是在外形上，还是在思维上，都与那注定要逝去者毫不相似。"① 也即是说，色诺芬尼否定拟人化的神，但肯定"唯一的神"。因此，自然哲学家在排斥众神的时候，在他们的思想中也会存在某种神。但我们绝不能表面化地去看待这一点，因为只有自然哲学才具备"偶像批判"的特质。

3　制作与生成

亚里士多德是将自然的生成与人类的制作（Poiesis）区分开的。他认为，自然学是以不存在制作者的事物为对象的，所以它既不是有关制作的学问，也不是实践性的学问。"制作事物，原理来自制作的人，这个原理就是理知，技术或者某个能力；做成事物，这个原理就应该来自作者，这个原理是想法或者是想法的表达，实际上就是把事物完成。"② 因此，自然学是一门理论性的学问。

不过，亚里士多德在自然的内部发现目的因时，它其实是从神——制作者的观点看待自然，并且将其内化于自然。与此相反，伊奥尼亚学派则拒绝目的因。因为

---

① 《苏格拉底以前哲学家断片集》（第 I 分册），第 277 页。
② 亚里士多德：《形而上学》，黄颖译，北京：北京时事出版社 2014 年版，第 139 页。

自然的"生成"是没有目的的,所以它与"制作"不同。但是,对生成的这种看法,就不会走向对制作的意义的否定。其实,伊奥尼亚的自然哲学家远不止于此,他们重视制作和技术,并从这样的角度去思考生成。

如前所述,在伊奥尼亚的时代,有过许多技术革新,而在雅典却什么也没有。这种差异,与伊奥尼亚自然哲学家和亚里士多德的不同完全一致。与柏拉图不同,亚里士多德曾经试图继承伊奥尼亚的自然学。但他是把生物学作为自然学的样本。他所说的形式因和目的因,也是基于如下一种模型,即成体是潜在于胚胎之物的现实化。但这一说法,即便可以解释同种生物是如何存续的,却无法说明新种是如何发生的。或者亚里士多德根本就没有考虑过这个问题。

理由很简单。亚里士多德所谓的"制作",是指诗作和农业。他们和一般的雅典人一样,蔑视工业。所以他没有意识到,农业也不例外,也是要依靠"工业"的。比如,从事栽培和畜牧业的人,都会多少了解一些品种改良的知识,由此也才有新种的产生。具有这类经验的人,可以推测得到,现在的种是由其他的种变异而来的。伊奥尼亚的自然哲学就非得益于这种推测。他们确信,无论是水还是空气,总之,某种原始物质的结合—分离运动会生成多样的物质。而这种确信不是来自形而上学式的认识,而是来自有形的实践性认识。同时也有赖于在伊奥尼亚发展起来的工业。

关于阿那克西曼德的宇宙论，法灵顿（Benjamin Farrington，《亚里士多德作为科学哲学的奠基者》）有过以下论述："这一极富趣味的宇宙论，令人想起陶器工匠的作坊、锻造工厂和厨房，但同时，那里没有任何容纳马尔都克（巴比伦的造物主）的余地。即便是人类的事情，他也不去借用神来进行说明。阿那克西曼德认为，作为生命形态的一种，鱼的生存早于陆栖动物。所以，人类原本也是鱼的一种。在干燥的土地出现之前，某种鱼已经适应了陆地生活。"① 此外，对于阿那克西米尼主张空气是原始物质，法灵顿还根据其用语使用方法进行了推测，"这是通过压缩纺织材料的制毯技术的暗示思考出来，并在液体材料的蒸发干燥凝固浓化过程中得到确认的。"②

总之，与以生物考察为主的亚里士多德不同，伊奥尼亚的自然哲学家，从泰勒斯到原子论倡导者德谟克利特，都排斥目的论，而关注和考察宇宙生成、生命发生、生物进化和人类历史社会的发展。

这之中，我特别关注的，是西西里岛的恩培多克勒（Empedocles）。他通过四种元素（水、土、空气、火）的结合和分离来解释世界的生成。他设想的是两性生殖产生以前的阶段，他认为，世界的生成是先有植物，然

---

① 法灵顿：《希腊人的科学》（上卷），出隆译，岩波书店，第46页。

② 同上，第47页。

后是动物。岩崎允胤评价恩培多克勒是"适者生存、自然淘汰思想的先驱"①。

亚里士多德著作中有这样的记述:"那么(按照这样的必然论者的观点),(人体——译者)无论哪一个部分,都是因了某一目的(适应目的)而生成的。但是,偶然,或者看上去像是偶然的场合,由于这种偶然性,它适应环境而生存下来。而另一方面,由于偶然的原因,没能适应环境的,就灭绝了,或者正在灭绝的过程中。正如恩培多克勒所说的'人面牛身'一样。"② 对此,岩崎允胤有这样的评论:"尽管恩培多克勒声称'符合目的'云云,但还是把它视为自然的过程,而并非抱有单纯的人间本位的目的观。"③ 就是说,恩培多克勒思想中的进化是非目的论的。但亚里士多德却一面吸收伊奥尼亚自然哲学的成果,一面将它解读为目的论。

尽管亚里士多德大名鼎鼎,但伊奥尼亚的思想依然流传下来。比如公元前1世纪西西里岛的恩培多克勒所著的《历史》就是一例。按照法灵顿的引用,恩培多克勒是这样论述人类的社会和文化起源的(《历史》第一卷第七、八章)。

---

① 岩崎允胤:《希腊·城邦社会的哲学》,未来社,第188页。

② 亚里士多德:《自然学》,见出隆等译:《亚里士多德全集》(第三卷),岩波书店,第73—74页。

③ 岩崎允胤:《希腊·城邦社会的哲学》,第188页。

最早，人类的生活状态就和野兽一样，走到哪里就算哪里。他们各自单独游牧，到处寻找可以使用的植物和野生果实。但是，生活的需要让他们懂得了相互协作共同劳动的必要性。因为单独活动和生活会受到野兽的威胁。这种恐惧使得他们聚集到一起，渐渐的，他们相互意识到彼此之间存在着共同性。开始的时候，他们发出的声音混乱而且意义不明。但在漫长的过程中，他们的声音逐渐变成清晰而有音节的声音，各自表达各种意义的声音也渐渐固定下来，慢慢变成可以相互理解有关日常生活的言语交流。（中略）

在所有适合人类居住的地方，都有这样的人类集团形成。但并不是所有集团都使用同样的语言。因为各个集团都是因为一些偶然的原因形成了自己的语法，最终形成了多种多样不同类型的语言。人类最早形成的那些族群，各自成为人类各个种族的祖先。至今我们还没有发现那个时代的任何便于生活的设备，可以想见，最初的人类生活是非常艰难的。他们没有衣服，没有房屋，不会使用火，也根本不懂通过耕种获取食粮。不仅如此，他们也没有将野生食物贮存起来的观念，不懂得未雨绸缪。于是，当冬天来临，他们当中的很多人死于寒冷和营养不良。但是，他们逐渐地积累起经验，学会在冬天里利用洞穴避寒，将适于保存的食物储存起来。

他们还学会用火，发明了各种便于生活的器物工具，以及其他许多促进其社会生活发展的东西。这种进步过程中的一般法则，就是，需要会教给人类一切。因为，只有需要才是以一切方式引导人类的亲切导师，而需要也恰好拥有人类这一富于才能、值得教诲的弟子。①

正如法灵顿所说，在这里，亚里士多德的所谓人天生就是城邦动物或者理性动物这一说法，遭到体无完肤的否定。但是，准确地说，柏拉图和亚里士多德所代表的雅典哲学，对伊奥尼亚思想的压制，并非始于当时或希腊主义时代，而是基督教会得以确立的时期。换言之，雅典哲学是在基督教神学中得以生存延续的。而在西洋，尽管近代物理学得到很大发展，但伊奥尼亚式的进化论却没能复活。直到达尔文的《物种起源》，亚里士多德学派的桎梏都没有得到根本否定。②

---

① 法灵顿：《希腊人的科学》（上卷），第 120—122 页。
② 需要留意，伊奥尼亚的进化论，由于罗马帝国没落和基督教会的原因而消失，却在伊斯兰圈得到继承。尤其是 9 世纪的阿尔－贾希兹（译者按：Al－Jahiz，阿拉伯文学家和思想家），论述了生物的生存机会与环境的影响，著有《为生存而努力》。依温·米斯卡瓦耶夫（译者按：Ibn Miskawayh）的著述则讲述从蒸汽到水、矿物、植物、动物以及类人猿到人的生命发展历史。依温·阿尔－海萨姆（译者按：Ibn Al－Haytham）、依温·哈尔通（译者按：Ibn khaldun）也对进化思想进行了探讨。

早在达尔文之前，就已经有了进化论。比如，莱布尼茨就提出从无机物到植物、动物、人类、神的进化观点。但这还不是对亚里士多德的根本否定。达尔文的进化论的划时代意义就在于，不再用目的论来把握进化。但他还是从神—创作者的观点，或者目的论的观点来思考进化的。比如，他回避惯用的进化（evolution）这一用语，而使用"伴随变更的由来"（Descent with modification）的说法。

达尔文的进化论，并不是通过哲学思考而得来的。他长期研究品种改良（特别是鸽子），在这个过程中，思考"自然选择"的问题。他始终彻底思考的，是品种改良（人工选择）与"自然选择"究竟有何不同。实际上，这个问题与"创作"和"生成"有何不同是同样的问题。也就是说，达尔文与通过"创作"来思考生成的伊奥尼自然哲学家及其继承者，在同一个问题上相遇了。

在通过品种改良思考自然选择时，达尔文对两者进行了区别。新种是作为偶然变异的结果而产生的。其中，有一些宛如被自然选中一样，生存下来。对这一现象，达尔文借用斯宾塞的"适者生存"这一概念进行了解释。可是，当说到"适者生存"时，会给人一种变异具有某种方向性目的性的感觉。在此意义上，进化（evolution）的观念通过达尔文使用的"适者生存"的概念重新复活。

达尔文的划时代意义在于，他以偶然性为基础，排斥一切目的性。① 这时，达尔文并没有意识到，饱受亚里士多德一派长期压制的伊奥尼亚学派的思想，就此复活了。

在达尔文的同一时代，有一位思想家曾经关注伊奥尼亚自然哲学问题。这就是，把《资本论》献给达尔文的马克思。他在学位论文中探讨了《德谟克利特的自然哲学与伊壁鸠鲁的自然哲学之差异》。伊壁鸠鲁大体上接受了德谟克利特的原子论和机械决定论，但他又认为，原子运动存在偶然偏差。但青年马克思在这篇论文中要说的，并非两者的差异。他的真正目标，是两者存在相反看法的哲学家亚里士多德。马克思将感觉论者、机械决定论者，同时也是怀疑论者的德谟克利特置于一端，又将主张目的论和合理论的亚里士多德置于另一端，再将主张原子运动也偶有偏差的唯物论者伊壁鸠鲁置于前两者中间。马克思认为，虽然这原子运动的偶发偏差属于机械论，可结果却带来了近似于目的论的"变异"。这样，年轻的马克思揭示了伊壁鸠鲁从原子运动

---

① 木村资生批判达尔文，主张变异的中立性。即，变异对于种来说，既非有利亦非不利。可是，达尔文并没有设想过变异的方向性乃至目的性问题。但由于从哲学家赫伯特·斯宾塞（译者按：Herbert Spencer，19 世纪英国社会学家、哲学家）那里借用了"适者生存"这一概念，从而给人造成了误解。将在自然界中存留下来的对象视为"适者"，属于事后判断，这使得原本已被否定的目的论重新浮现出来。

偏差的角度批判目的论和机械决定论的意图。伊奥尼亚学派的思想，就这样在马克思的唯物论那里获得重生。

　　伊奥尼亚的思想，至今仍在各个方面保持着活力。正如前面指出的那样，伊奥尼亚学派的质料与运动互不分离的观念，被视为"魔法式"的思想。实际上，近代的动物学就是依据同样的思想得以形成的。但这里的分离，是以笛卡尔所说的"神"或神的视角为前提的。在这一点上，它继承了亚里士多德式的形而上学＝神学。而彻底粉碎了这一观念的，则是量子力学。在某种意义上，量子力学使主张质料与运动不可分离的伊奥尼亚思想获得恢复。即，量子（光和电子等微粒子）等于粒子（质料），同时等于波动（运动）。

第四章　伊奥尼亚没落后的思想

1　毕达哥拉斯

a　轮回的观念

自然哲学不仅仅是自然学，而是从自然本原（Physis）的观点看待世界。所以，我们同时也应该把它视为一种"社会哲学"。自然哲学强调物质自我运动，强调物质与运动的不可分离。但作为社会哲学，它又意味着什么呢？那就是，诸个人的存在，与移动不可分离。换言之，没有移动的可能性，便没有个人存在。

在氏族共同体或者作为其延长的社会里，人均属于共同体，而不存在个人。而城邦则不同，城邦的原理是基于诸个人的同意与契约而形成城邦。但实际上，希腊的都市国家是作为多氏族的联合体而不是个人的选择而成立的。只有在个人不再属于城邦，并且可以随心所欲地向外部进行移动的地方，个人选择的实现才是可能的。而这样的地方，只有伊奥尼亚那样的移民地。因此，城邦的原理才会在伊奥尼亚产生，进而向希腊本土的城市传播。

在伊奥尼亚的各都市，其成员都是从其他地方移居动而来的，而且只要他们愿意，还可以随时再移动。正是由于具有这样的条件，因自由而平等的 Isonomia（无支配）的出现才成为可能。但随着移民移动的持续，可供移动的"边境"逐渐消失，城邦内部也开始产生贫富差距和支配关系。在伊奥尼亚，公元前 6 世纪前半叶，这一倾向开始变得明显。

与此同时，人们开始对这一问题进行社会改革。其中之一，就发生在毕达哥拉斯（公元前 580—前 500 年）所在的萨摩斯岛。毕达哥拉斯及其好友波利克莱托斯共同开始了城邦的社会改革，目的就是恢复 Isonomia。但现实上，既然出现了经济上的不平等，改革也就只能采用 Democracy（多数者支配）的形式进行。改革的尝试获得了成功，但在改革的过程中，波利克莱托斯却逐渐变成了僭主。毕达哥拉斯对此进行批判，并离开了萨摩斯岛。

被吕底亚和波斯征服之后，伊奥尼亚的各都市变成了僭主政。因为僭主政是帝国进行都市国家统治的一种手段。不过，在此之前，伊奥尼亚各都市已经产生了僭主政，或者说已经处于与僭主政相近的状态。这一点值得注意。或者正是因为如此，泰勒斯提倡的城邦联合才未能成功，最终屈服于邻近帝国的侵略。雅典的庇西特拉图僭主政，是在与贵族的战争中产生的。僭主得到了民众的支持。而在萨摩斯岛，原本存在 Isonomia，结果在试图恢复 Isonomia 的 Democracy 中，出现了僭主。

在考察毕达哥拉斯时，上述经历和情况值得注意。据说，毕达哥拉斯离开伊奥尼亚后，遍游埃及、波斯、中亚、高卢和印度，掌握了众多领域的学问，六十岁时定居于南意大利的克罗同那，创立了一个秘密结社宗教。由于这个原因，人们往往忽略毕达哥拉斯的思想与他在伊奥尼亚那段经历的关联，而认为他的思想都是来自亚细亚。

比如，一般认为，毕达哥拉斯提出了轮回转生这一观念。依照这一观念，魂灵原本是如神一般的不死的存在。但如果因为无知而玷污了自己，为了偿还罪孽，那么魂灵就将被埋葬在肉体这个坟墓里。我们称之为生的人间生活，其实只是魂灵的死亡。如果不能让神的本性重新苏生，我们就将永远停留在轮回转生的循环之中。要想摆脱这个循环，魂灵只有求助于智慧。

在这个意义上，所谓哲学，就是脱离轮回转生这一循环的一种方法。第欧根尼·拉尔修说，第一个使用哲学（对智慧的爱）这一用语、并称自己为哲学家（热爱智慧的人）的人，就是毕达哥拉斯。据说毕达哥拉斯曾把人生比作运动会，并认为在那里观众是最好的。这里所说的就是，通过"观想"（观照）来把握真理。柏拉图在各种意义上继承了毕达哥拉斯的思想。比如，他在《斐德罗篇》中就介绍了毕达哥拉斯的轮回转世观念。在《斐多篇》里从毕达哥拉斯学派的灵魂不死说导出了观念论。在《美诺篇》里谈到缘于轮回的"记忆"。

然而，不论是轮回转世，还是观想（观照）的观念，都不是毕达哥拉斯所独有的。在他漂泊游历的亚细亚，特别是印度，这种观念随处可见。而倡导轮回转世观念的俄耳普斯教也已在整个希腊流行。反倒是在伊奥尼亚还未被人们普遍接受，毕达哥拉斯自身也是一样。直到在亚细亚长期漂泊期间，他才介绍了这一观念。不过，介绍的原因并不在亚细亚思想那里，而是植根于他自身在伊奥尼亚时代的经历。

在南意大利，最早宣传轮回转世观念的也不是毕达哥拉斯。当时这里正在流行俄耳普斯教，人们都以为只要入教、禁肉食并积德行善，来世就会摆脱烦恼，获得幸福生活。乔治·汤姆森正是从地区的落后性，来解释毕达哥拉斯学派的运动在意大利的兴起的。"与相信极其现世合理人生观的伊奥尼亚人恰恰相反，这些西方人是以思想呈宗教型、相信预言和奇迹而闻名。在这一点上，他们与希伯来人很相像。"① 的确，这一点是存在的。俄耳普斯教在这里的流布是出于此，毕达哥拉斯教

---

① 乔治·汤姆森：《最初的哲学家们》，出隆、池田薰译，岩波书店，第303页。

团在这里扎下根也是出于同样原因。

　　但问题是，这一切为何出自生于具有"极其现世合理人生观"的伊奥尼亚的毕达哥拉斯，而不是意大利南部地区的人们呢？毕达哥拉斯的教团，与俄耳普斯教颇为相似，但又有一些不同。比如俄耳普斯教的守护神是酒神狄奥尼索斯，而毕达哥拉斯学派则是阿波罗。阿波罗是伊奥尼亚各城市的守护神，这显示了毕达哥拉斯与伊奥尼亚的紧密联系。然而，更重要的是，尽管毕达哥拉斯学派的运动是在南意大利壮大起来的，但其起源却是在伊奥尼亚那里。也就是说，这个运动起源于"极其现世合理"的伊奥尼亚之消亡。换言之，它来源于毕达哥拉斯自身政治失败的体验。

　　关于这一点，还要指出，我们不能把毕达哥拉斯的所谓"观想"想象成被动的非实践的东西。虽然毕达哥拉斯的社会改革遭受了失败，但在南意大利的克罗同那，他却没有躲藏到"观想"中，而是投身到积极的社会活动中。

　　的确，在毕达哥拉斯的教团，成员们必须勉力修行：保持清洁、放弃肉食、在静默中凝视自己的灵魂。但与俄耳普斯教不同的是，毕达哥拉斯学派的运动在其本质上是一种政治性运动。比如，在克罗同那，毕达哥拉斯学派从事货币铸造，建立与新型工商阶级的联系，参与城邦政治。汤姆森写道："在克罗同那，毕达哥拉斯学派不仅向大家认同的思想和传统挑战，并且从土地贵族那里夺回权力，用于促进商品生产的发展。"① 其结果使得克罗同那成为南意大利最具有实力的城邦。

这并不是说，毕达哥拉斯在克罗同那创立了一个非政治性的冥想者集团，相反，它意味着，毕达哥拉斯要在这里重新进行过去遭受了失败的社会改革。所谓的毕达哥拉斯教团，就是这样一个组织。毕达哥拉斯的目标是，实现所有教团成员在经济上平等和男女平等的共产主义式社会。为此，教团与国家之间产生矛盾，最终教团遭到镇压，分散到各地，以秘密结社的形式继续存在。

b 二重世界

在这里，我们再次对毕达哥拉斯在伊奥尼亚的情况进行考察。在萨摩斯岛，毕达哥拉斯及其好友波利克莱托斯进行改革，目的是要在这个发生了阶级分裂的社会里，重建 Isonomia。为此，他们试图通过 Democracy 来实现财富再分配。但现实结果却是，这里出现了僭主政。毕达哥拉斯将此归结为波利克莱托斯的个人野心所致。但其实这并非个人野心问题。波利克莱托斯个人并非想成为僭主。在后世广为人知的逸闻中，他甚至曾经选择过被人暗杀。② 但是狂热的民众把他推上僭主的宝

---

① 乔治·汤姆森:《最初的哲学家们》，第301页。
② 波利克莱托斯故意到打算暗杀自己的凶手那里，结果殒命。在心理学上，将这种自我处罚的欲望称为"波利克莱托斯情结"。

座,因为民众渴望能够满足他们愿望的强权出现。

毕达哥拉斯在南意大利创建教会组织的做法,显示出他从自己在伊奥尼亚的经历中汲取了教训。其一,不能将改革完全寄托于大众的自由意志。那样做的结果,会导致压制大众自由的独裁制。其二,改革的领导者必须是能够超越"肉体"(感性)束缚的"哲学家"。否则,领袖只会成为一个独裁者。

毕达哥拉斯的教团彻底实行"平等",却没有"自由"。在那里,只有毕达哥拉斯一人的说教。他是具有绝对权威的领袖(Guru)。但在毕达哥拉斯看来,Guru 并不是独裁者。另外,通常人们所说的自由,也不是真正的自由,而只是一种被感性(肉体)支配的状态。真正的自由不是在与他人的关系那里,而是通过每一个个人将灵魂从肉体的牢狱中解放出来而实现。

毕达哥拉斯将知与非知严格区别开来。他认为,依靠感觉的知,即非知;真正的知一定超越感觉。因此,毕达哥拉斯被人们视为第一个哲学家(热爱知的人)。但如同轮回转世的观念一样,在亚细亚,毕达哥拉斯这一看法也是极其普遍的。关于真实的世界与假象的世界这一二重世界,尼采曾有这样的话:

> 认为此"现世"是"假象"的世界,而彼世界则是"真实"的世界,这一看法本身就是某种异常状态的表征。"另一世界"这一表象,是哲学

家制造出来的。哲学家捏造理性的世界，这个世界很适合理性和逻辑机能——这就是"真实"世界的由来。①

然而，按照尼采的说法，很难将亚细亚通行的二重世界与毕达哥拉斯主张的二重世界相区别。关键是，毕达哥拉斯提出的二重世界和一般的二重世界论似是而非。因为在毕达哥拉斯的二重世界论，中间经由否定二重世界的伊奥尼亚社会。忽略了这一点，就无法理解他作为第一位"哲学家"所表现出来的倒错性和历史性。

一般所理解的二重世界论，或曰理解真实世界的人与停留在感觉世界的人之区别，始于精神劳动与肉体劳动的分工。对此，马克思这样写道：

> 分工起初只是性行为方面的分工，后来是由于天赋（例如体力）、需要、偶然性等等才自发地或"自然形成"分工。分工只是从物质劳动和精神劳动分离的时候起才真正成为分工。从这时候起意识才能现实地想象：它是和现存实践的意识不同的某种东西；它不用想象某种现实的东西就能现实地想象某种东西。从这时候起，意识才能摆脱世界而去

---

① 弗里德里希·尼采：《权力意志》（下卷），原佑译，筑摩学艺文库，第131页。

构造"纯粹的"理论、神学、哲学、道德等等。①

在氏族社会,这种分工尚未发达。但是到了国家社会,分工得到发展,并归结为祭司·神官的支配。事实上,在埃及、巴比伦和印度等大文明那里,就是这样。所以,在这些国家地区,二重世界的看法非常普遍。可是,伊奥尼亚的情况却有所不同。但这并不是因为他们尚未开化。对于亚细亚文明中高度发达的这种"分工",伊奥尼亚人非常了解,但他们却予以拒绝。他们一方面部分接受了亚细亚文明,一方面又开辟了另外的道路。

在亚细亚文明中,"空想家的最初形态——僧侣"垄断了科学技术。但在伊奥尼亚却不存在这种垄断。在某种意义上,祭司以及官僚的权力,离不开难以掌握的文字以及通过文字获得的知识的垄断。与此不同,伊奥尼亚人对腓尼基文字进行改良,设计出简单易学的表音文字(希腊字母)。他们还铸造货币,将在亚细亚国家由官僚和祭司进行的贸易及价格制定等经济政策工作,交由市场决定。在这些方面,官僚和祭司等无法掌握特殊权力。

一方面向亚细亚学习先进的科学技术,另一方面自

---

① 《德意志意识形态》,花崎皋平译,合同出版,第61—62页。

身也致力开发。在伊奥尼亚,"物质性劳动与精神性劳动的分割"却没有什么进展。譬如,以泰勒斯为首的自然哲学家,并不是毕达哥拉斯所说意义上的"哲学家"。泰勒斯曾作为土木技师在埃及工作过,是发明三角函数的数学家、预测日食的天文学家,还是一位政治家。但这些并不意味着他是特别万能的。由于他的确十分杰出,被视为"智者"(贤人)。但他并不是"哲学家"。在伊奥尼亚不存在哲学家与非哲学家的区别。换言之,在伊奥尼亚,并没有过"二重世界"。

而这一原因,就在 Isonomia。Isonomia 不承认特别的地位、权限和资格。伊奥尼亚的自然哲学家在排斥拟人化的奥林匹斯众神时,便以 Isonomia 否定了祭司·神官之类的存在,这也就否定了"物质性劳动与精神性劳动的分割",同时也否定了二重世界——理性与感性、知与非知、真理与假象的区别。

问题是,在这种精神环境中成长起来的毕达哥拉斯,居然成为最早主张二重世界的人,成为"最初的哲学家"。我们重申,要到亚细亚去寻找其原因,是没有意义的。毕达哥拉斯是从其在伊奥尼亚的经历体验出发,去思考二重世界的。他的目标是,在一个 Isonomia 已经崩溃的社会里重建这 Isonomia。然而,他所看到的民众,已经不再是过去那种独立不羁的市民,而成为一些甘愿服从僭主的人们。不仅如此,他的友人也当上僭主,昔日的 Isonomia 精神荡然无存。这样的经历,改变了毕达哥拉斯。

毕达哥拉斯对 Democracy 持否定态度，因为他有过痛苦的经验，即 Democracy 最终变成了僭主政。他没有放弃 Isonomia 的理念，但他认为，实现 Isonomia 需要的不是 Democracy，而是由哲学家来进行统治。其结果，在某种意义上，对 Isonomia 的追求，走向反 Isonomia 的政治形态，走向最违背自然哲学的哲学。

这里需要留意的，是毕达哥拉斯追求 Isonomia 这一事实，即便他用的是被异化了的方式。实际上，毕达哥拉斯的教团具有强烈的政治性，并试图彻底实现"平等"。在此意义上，接受并继承毕达哥拉斯思想的，是柏拉图。柏拉图在他的《对话篇》中，无论是关于观念论，还是关于哲学王的观念，都把它们当作苏格拉底的思想加以叙述。其实这些并不是苏格拉底的见解，而完全是毕达哥拉斯的思想。柏拉图从毕达哥拉斯那里继承的，不仅是数学和轮回之类的观念。我们甚至可以说，在柏拉图的政治思想核心里，存在着毕达哥拉斯的认识论。

柏拉图原本有志做一个政治家，但苏格拉底遭民主派处死这一事件（公元前 399 年），令他最初的宏大志向受到挫折。对于出身贵族的柏拉图来说，这一事件断送了他成为国家公职人员的可能。此后，他只能去做一名"哲学家"。他离开雅典，像毕达哥拉斯一样四处漂泊，最后去参观位于南意大利塔拉斯的毕达哥拉斯学派的学校。他以毕达哥拉斯学派的学校为样本，设立了柏拉图学院，同时更通过毕达哥拉斯教会的政治，思索自身长久以来对民主政治的疑问，并寻找解决这些问题的钥匙。

c 数学与音乐

人们一般没有注意到，毕达哥拉斯乃是属于伊奥尼亚这一政治脉络，这同时也导致人们忽视毕达哥拉斯出自伊奥尼亚知识传统的鼎盛时期这一事实。譬如，孔佛德主张从神秘宗教和巫术传统中发现哲学的开端，并将毕达哥拉斯与希腊北方的巫术联系起来（Principium Sapientiae，1952）。但是，这和那种认为毕达哥拉斯思想的起源存在于亚细亚常见的轮回转世、肉体精神二元论的做法一样，都忽略了一个重要问题——毕达哥拉斯出自伊奥尼亚的知识传统。诚然，毕达哥拉主张"二重世界"，但他的论据主要来自数学，而不是轮回转世。而这恰恰是伊奥尼亚的传统。同时，毕达哥拉斯还试图通过吸收伊奥尼亚传统中的数学思考，从内部去否定这一传统。

数学在亚细亚原本是作为一门实用性学问而发展起来的。但它和文字一样，都被神官所垄断。比如，在埃及，当尼罗河洪水泛滥之后，需要重新测量土地，来确认其归属权，于是数学便发展起来。由此，又产生了测量学/几何学。但这些知识还是由神官来研究，而没有公之于大众。数学的另一个起源，则来自巴比伦发达的天文学。这也是出于灌溉农业的需要而发展起来的，同样由神官研究，并与占星术密不可分。然而，在伊奥尼亚，不存在神官垄断知识的现象。伊奥尼亚接受了天文学，却拒绝了神官以及与巫术相联的占星术。伊奥尼亚人排斥了"神"。

因此，在伊奥尼亚，由泰勒斯等人的推动和努力而发展起来的数学，没有那些神秘要素，是一门实用性学问。人们对数学的强烈关心，首先缘于货币经济的发展。在一个货币经济发达的社会里，所有价值，都会以货币形式具体表现出来，数字因此成为不可或缺的东西。比如，毕达哥拉斯学派在克罗同那从事货币铸造，就与毕达哥拉斯出身伊奥尼亚有着直接关系。毕达哥拉斯学习数学，也是因为身处伊奥尼亚独特的环境中。因此他的数学从一开始就具有很强的实践性。

可是，对于离开伊奥尼亚以后的毕达哥拉斯来说，数学渐渐失去具体实践性，并被神秘化。在他那里，数学主要应用于音乐和天文学方面。这虽然不是出于实用性的动机，却有实用性的意义。因为在毕达哥拉斯的教会里，音乐主要是净化灵魂摆脱轮回的一种手段。比如，在数学方面，毕达哥拉斯最为人知的贡献，就是解开了和弦的秘密。他用单弦琴进行实验，发现了音阶中四个主要音之间的比例关系，即，基音、八度音程（一比一）、五度音程（三比二）和四度音程（四比三）。

当然，在毕达哥拉斯之前，和弦早已存在。毕达哥拉斯的贡献在于，他证明了音乐的魔力来自数的比例关系。① 在此意义上，他的态度依然呈现着伊奥尼亚式的气质，即高度合理主义而非魔术式的态度。但他又是反实用主义的。比如，很多人都知道的"毕达哥拉斯定理"，其实并不是毕达哥拉斯的发明。正如发掘出土的泥板资料所显示的那样，这一定理早在巴比伦时代就已经为人知晓。在巴比伦，人们出于实用目的，发展代数学，发明二次方程式。而在另一方面，就像毕达哥拉斯定理所显示的，反倒是毕达哥拉斯拘泥于整数，阻断了代数学发展的可能性。柏拉图和欧几里得继承毕达哥拉斯的数学，开创了论证数学，但对实践性数学的发展并没有什么贡献。

除了音乐，毕达哥拉斯还研究天文学。在巴比伦，天文学是作为占星术的一环发展起来的，主要是通过天空的星象运动解读地上的事物和现象，既是神秘主义的，也有实用性的一面。但毕达哥拉斯对这些没有兴趣，他所关注的是隐藏在天体运动中的数学结构。

与其他学问相比，数学对天文学具有特殊的重要意义。因为要探索天体，就不能把天体当作物体，而只能把它作为一种关系或者变换规则来看待。譬如，在系统

---

① 毕达哥拉斯学派从事过货币铸造，但是他们没有像后来的炼金师那样相信金银本身拥有力量。货币的力量来自哪里呢？马克思在《资本论》中考察了这个问题。他揭示出，货币的功能不在金银本身的物质性那里，而是来自建立在商品交换基础上的社会关系。所有商品都是通过一个商品表示自身价值的价值形态，即，在货币形态中，我们可以看到某一商品具有的特别力量。货币的魔力与音乐的魔力一样，存在于"关系"之中。

的天文学形成之前，人们就已经知道星座，知道有关星座的神话。了解星座，意味着在遍布天空的星星中，把握它们的某种恒定的结构，尽管这些星星看起来在不断改变着位置。虽然即使不了解这些，人们也早就知道了星座。正如即便不知道和弦与来自比例关系，也照样使用和弦一样。不过，揭开和弦秘密的，是毕达哥拉斯。他以为天体的秘密也一样可以揭开。对他来说，天文学就是倾听"天界的音乐"。弦乐器的声音要是高过一定程度的话，人就会听不见。反过来，即使人的耳朵听不见，通过数学的方式，还是可以了解"天界的音乐"。这种音乐已经超越了感觉。

毕达哥拉斯对二重世界（感性世界/理性世界）的倡导，就从这里开始。也就是说，二重世界与数学有着直接关联。所谓数学，即把握数与数的关系。而这时，我们就会有一个疑问，有物存在，也有物与物的关系存在。但后者的存在与物的存在是否相同呢？

比如说到和音，如果没有每一个音，也就没有音的比例（关系）。反之，没有这些音的比例（关系），音也就无法成为音乐。而且，不论作为素材的音如何变化，这种关系结构都是一样的。在这里，又会产生这样的问题。如同音存在一样，音的关系也存在吗？毕达哥拉斯的回答是肯定的。不仅如此，他还认为，只有后者才是真实的存在。所以，毕达哥拉斯对二重世界的认识，是来自他对数学的认识。他的二重世界与以往那种主张轮回转世和灵魂不灭的二重世界论原本就是两回事。

在毕达哥拉斯看来，数是万物的本原。而这既沿袭了伊奥尼亚的自然哲学的态度，同时也是对伊奥尼亚自然学的根本否定。这是因为，毕达哥拉斯所主张的本原，已经不再是 Physis（自然）。他把数视为实在。数是一种"关系"，它的存在不同于个别物体的存在。然而，视关系为实在，把关系看作万物的原始物质，也就是把观念论的实在当作真实的实在。在毕达哥拉斯那里，伊奥尼亚的自然哲学实际上已经转化为观念论哲学。

黑格尔认为，毕达哥拉斯的数即实在的认识，属于观念论的初期阶段。在黑格尔看来，数处于概念和物之间。黑格尔还说，数，是思想的开始，但只是最初级的开端。也就是说，毕达哥拉斯的主张还没有到达思想＝概念的阶段，它只是在柏拉图的观念论中才成为概念（《哲学史讲演录》）。不过，实际上却正好相反，即只有借助于毕达哥拉斯的数即实在的认识，柏拉图的观念论才有可能成立。

例如，柏拉图曾以马为例，来解释观念论。他认为，作为个体的马，样貌各不相同，但它们都分别体现马的理念。然而，柏拉图以这样的例子来说明观念理念是不恰当的。实际上，这种把理念混同于观念的说法是很容易否定的。比如，苏格拉底的弟子安提西尼就曾说，"柏拉图啊，我看得见单个的马，但没有看过理念的马。"不仅如此，亚里士多德也批判了柏拉图的观念论。他说，只有个体的物才是实体，概念只有通过对个别的实体的观察,才能获得。不过,如果从亚里士多德的观点出发的话,是无法产生柏拉图那样的认识——与观念/感觉性实在不同的实在——的。柏拉图的所谓观念,不是个别的实在,而是指个别的实在的关系本身。换言之,柏拉图是通过数学认识来把握观念的。

显然,柏拉图是在数学中寻找其观念论的根据的。据说,在他的柏拉图学院的入口处,写着"未学过几何学者请勿入内"。只要和数学有关,要否定观念就会很难。而且,即便否定了观念,也无法否定"关系"与个体无关、自主存在的事实。对近代科学做出贡献的,不仅是德谟克利特和伊壁鸠鲁的原子论,还有"自然这本书乃为数学书写"(伽利略)这样的思想,而这正是来自毕达哥拉斯。此外,哥白尼的地动说也同样来自毕达哥拉斯。①

---

① 阿那克西曼德认为星星就是火环。另外,在毕达哥拉斯之后,阿那克萨哥拉提出,太阳是灼热的石头,月亮是由土形成的。他因此被赶出了雅典。这些说法,都被认为是对"天体"的亵渎。与此相反,毕达哥拉斯专门从"关系"的角度思考天体。但同时他也没有将天体神圣化。按照亚里士多德的说法,毕达哥拉斯所主张的就是一种地动说:"毕达哥拉斯的弟子提出,天界的中心有火,地球不过是一个行星,地球围绕天界中心呈圆周运动,形成黑夜和白昼。不仅如此,他们还设想在地球的相反方向存在另外一个地球,并称之为'对地星'。"(《天体论》)天界中心的火并不是太阳,而且肉眼看不见。太阳是存在于其周围的行星中的一个。包括太阳在内,行星一共有九颗,加上恒星天界,一共有十个天体围绕着中心火转动。上述这些说法,与初期古希腊阿里斯塔恰斯所提出的太阳中心说都有关联。据说,在文艺复兴时期,哥白尼就是通过普鲁塔克的《哲学家的自然学概要》一书,了解了毕达哥拉斯学派的学说,提出了地动说。

为何通过数学可以知晓世界的根源,这还是个谜。但是目前我们还只有承认这一事实。例如,现代基本粒子的最新研究认为,本原性的物质,只能是数学式的存在。也就是,只能是关系形态的存在。若果真如此,我们就无法断定,终极的根源到底是物质还是关系。因此,我们无法简单否定毕达哥拉斯物质的根源即数的主张。但另外,从这里引申出的二重世界(感性世界/观念世界),则可以否定,也应该否定。

2 赫拉克利特

a 反民众

赫拉克利特是一个蔑视大众的贵族主义思想家,这已是定评。其中,卡尔·波普的批判最具代表性。他认为,柏拉图属于贵族阶层,是坚持维护古老氏族社会传统的鼓吹手,赫拉克利特则是其先行者。"不单是最早探讨'自然'问题,更是最早探讨伦理和政治等诸多问题的哲学家赫拉克利特,生活在社会革命的时代。希腊的部族性贵族制开始败给民主制这一新兴力量,就发生在赫拉克利特的时代。"[1]

波普在做这样的论述时,犯了两重错误。第一,赫拉克利特并不是"不单是最早探讨'自然'问题,更

---

[1] 卡尔·波普:《开放社会及其敌人》(第一部),内田昭夫、小河原诚译,未来社,第31页。

是最早探讨伦理和政治等诸多问题的哲学家"。前面讲过的自然哲学家已经是具有同样特点的哲学家。第二，波普说生活的时代，也不是"希腊的部族性贵族制开始败给民主制这一新兴力量"的时代。而是正好相反。波普的见解，只不过是以雅典为中心来看待民主政治历史的通行观念。

只要我们稍微回顾一下伊奥尼亚的历史，就会明了赫拉克利特并非生活在那样的时代。伊奥尼亚于公元前561年被吕底亚吞并，继而于公元前546年被波斯帝国吞并。伊奥尼亚的Isonomia体制不复存在，而代之以从属于支配者的僭主政体。赫拉克利特（公元前540—前480年）便是生长于这样一个社会的。换言之，他生长的时代不仅并非"希腊的部族性贵族制开始败给民主制这一新兴力量"，就连Isonomia也早已成为遥远的回忆。

那么，波普为何会产生这些误解呢？原因在于，第一，据说赫拉克利特出身于埃菲索斯王族或是高贵家族，并且是家族长子。然而，埃菲索斯是一个移民城市，不存在那种氏族社会传统固有的王族或贵族统治。所谓的贵族，也仅仅是指保护市民自由的领袖的家族。赫拉克利特称之为"最高者"。"我若是最高者，将一人抵万人。"①（B49）他的任务不是统治，而是保持城

---

① 《赫拉克利特著作断片B》，内山胜利等译，见《苏格拉底以前哲学家断片集》（第I分册），岩波书店，第308页之后。

邦自治。赫拉克利特并没有担当这一使命，或者说他没有机会承担这一使命。有人说他把这一工作让给了弟弟，但当时埃菲索斯从属于吕底亚和波斯，这种领袖的地位原本就是不可能的。

第二，赫拉克利特被视为贵族主义，是因为他一直都在污蔑和咒骂埃菲索斯的市民大众。"埃菲索斯的成年人们，都应该去上吊，把国家让给未成年人才是最合适的。"（B121）"埃菲索斯的人们啊，你们不要向天下证明你们最终不过是被财富抛弃的不肖之徒。"在这里，波普注意到赫拉克利特对民主主义的敌意，以及对大众的蔑视，并且指出继承这种态度的，就是柏拉图。但是，即便柏拉图在雅典属于贵族阶层，即便他真的对民主主义抱有敌意，把赫拉克利特视为他的先驱，也是不恰当的。

赫拉克利特所在的埃菲索斯，不同于伊奥尼亚的其他城邦。许多城邦都谋求从波斯统治下独立出来，即推翻以波斯为后台的僭主统治，建立民主政治。这就是所说的"伊奥尼亚的叛乱"（公元前499年）。这场"叛乱"依赖雅典的支持，但最终并没能获得足够的支持，以致运动彻底失败。比如米利都这座泰勒斯等人出生的伊奥尼亚的核心城市，就化为一片灰烬。这期间，埃菲索斯没有参加伊奥尼亚叛乱，他们巧妙周旋，成为唯一免幸免于难的城市。埃菲索斯市民与希腊人联手，还是在波斯战争中希腊联军打败波斯之后。对此，山川伟也

说道:

> 与米利都的悲惨命运相比,只能说埃菲索斯非常幸运。然而,像赫拉克利特这样极富自尊、具有无比强烈个性的人物,在这波澜壮阔的时代里,在"丧失自由"、屈辱的"臣属"波斯之下度过自己的整个一生,也是无法改变的事实。①

埃菲索斯的民众避开了与其他城邦联手参加战争,他们巧妙选择了向波斯称臣、避免毁灭的道路。赫拉克利特非常轻蔑并诅咒埃菲索斯的民众。然而,这是不是反民主主义的,是不是贵族主义呢?在埃菲索斯,他的僭主政和称臣于波斯,都是根据民众的意愿而实行的。如果像这样遵从民众的意愿就算是 Democracy 的话,那么赫拉克利特就真是反民主主义了。但他的厌恶民众或反 Democracy,却并不违背伊奥尼亚的思想 = Isonomia。Isonomia(无支配)不仅否定国家内部的支配,当然也否定来自外国的支配。要实现 Isonomia,首先必须摆脱外部国家的支配,获得独立。因此,如果回避战斗的话,Isonomia 便无法实现。"正如为守卫城市而战斗一样,公民必须为捍卫法律而战斗。"(B44)

埃菲索斯人没有参加"伊奥尼亚叛乱"。这里的民

---

① 山川伟也:《古代希腊的思想》,讲谈社,第112页。

众在臣属状态中度过平稳的日子。赫拉克利特讨厌这样的"和平"。因为那是甘心于臣服。阅读残存的赫拉克利特作品断片的话,会从中发现很多颂扬战争的语句。"战争是一切之父,是一切之王。战争把一些人置于神的行列,也把一些人归于人的部类,把一些人变成奴隶,也让一些人成为自由人。"(B53)但是,我们应该留意,这些都是在没有进行战斗、在臣服状态下享受安全的埃菲索斯所流传的说法。

埃菲索斯人一边扫视着其他的伊奥尼亚人的叛乱和灭亡,一边避免毁灭生存了下来。"对于战死者,无论是众神还是人类,都向其致以敬意。"(B24)但在埃菲索斯人那里却断无此事。"'清醒的人们有一个共同的世界',沉睡的人们各自回到'属于自己的'世界。"(B89)埃菲索斯人背向城邦的公共世界,陷入酣睡中。"最出色的人们,以自己的一切来换取一件东西,即用应该毁灭的东西换取不灭的荣誉。然而,许许多多的人,像牲畜一样,唯求填饱肚皮。"(B29)

很显然,赫拉克利特继承了伊奥尼亚的自然哲学。如泰勒斯以"水"、阿那克西米尼以"空气"为本原一样,赫拉克利特则视"火"为本原。他认为,一切元素——土、水、空气——都是火的变形。有人以此为根据,认为赫拉克利特比伊奥尼亚的自然哲学又前进了一步。其实,这与阿那克西米尼对"空气"即本原的阐述没有任何不同。如果一定要说有的话,那也就是,赫拉克利特不仅视"火"为本原,还认为火是斗争的暗喻。可是,即便是这种认识原始物质的模式,也并不是赫拉克利特的创始,而是伊奥尼亚的思想。

赫拉克利特拒斥巴考斯(酒神狄奥尼索斯的别称)的信女、魔术师以及举行秘密宗教仪式的那些人,"因为一般在人们之间举行的秘密宗教礼仪,都是不净之物。"(B14)当然,这些看法继承了伊奥尼亚学派的立场,同时也否定了毕达哥拉斯学派。如此看来,我们就明白了,赫拉克利特对伊奥尼亚自然哲学的继承问题,并不是单纯的自然认识问题。自然哲学同时也是社会哲学。

如同前面引用的那样,阿那克西曼德引进"正义"原理,来作为支配自然世界的法则。"对于存在的诸事物来说,它的消灭也会遵循必然,朝向其生成的本源。因为这些事物,也要相互遵从命定,接受犯错的惩罚,补偿过失。"① 从社会哲学的角度来看,阿那克西曼德是将斗争看作一种负面存在的。

赫拉克利特却恰恰相反,他认为,正是在斗争那里才有正义。"必须要知道,战争是普遍的,正道是斗争,万事遵循斗争和必然而生。"(B80)就是说,逃避对立和斗争,就会导致灭亡。但是,上述二人的意见差异不仅仅对自然认识的不同,而反映了早年的伊奥尼亚与后

---

① 《苏格拉底以前哲学家断片集》(第 I 分册),第 181 页。

来的伊奥尼亚的差异。阿那克西曼德是在 Isonomia 处于崩溃过程中的米利都进行的思考,而赫拉克利特则是在避开斗争、臣服于波斯的埃菲索斯形成了自己的认识。

b　反毕达哥拉斯

在思考赫拉克利特时,我们最应该将他与毕达哥拉斯进行对比。实际上,赫拉克利特自身也很在意毕达哥拉斯。在他的残篇语录中,有两处提及毕达哥拉斯,但表达的都是否定性看法。"以姆奈萨尔克(Mnesarchus)为父的毕达哥拉斯,比所有人都更加勤奋地致力于知识探究。他又从那些著作中截取精华部分,整合成自己的睿智——作为博识,作为诈术。"(B129)那么,赫拉克利特所说的毕达哥拉斯的"诈术",究竟是指什么呢?

对此,我们需要从两者与伊奥尼亚的政治及自然哲学的关系这一角度来看待。如前所述,毕达哥拉斯在伊奥尼亚经受了政治挫折后,辗转各地,掌握了极其广泛的知识,后来在南意大利的克罗同那创立了教会。他在某种意义上继承了伊奥尼亚的自然哲学,但又认为数是万物的根源,进而放弃物质性,走向了观念世界。他将以感觉来把握的现象与以理性把握的数学性的知识区别开来。柏拉图的二重世界(感觉的假象世界/理性的永恒真理世界)即来源于此。

对于毕达哥拉斯的主张,赫拉克利特持否定意见。他坚持自然哲学的立场,重视物质性以及物质的运动性。他所说的"火",既是物质,也是运动。这种认识首先是源于伊奥尼亚自然哲学,尤其是受到色诺芬尼的影响。正如前面引用的那样,色诺芬尼批判拟人化的神观念,众所周知,色诺芬尼曾揶揄说,如果牛和马想象并描绘神的话,一定会把神画成牛马的样子吧。在这里,重要的是,他把"唯一的神"作为根据,来批判拟人化的神。"在众神和人类之间,唯一的神是最伟大的,无论是在外形上,还是在思维上,都与那注定要逝去者毫不相似。"①

即便称之为"唯一的神",它也并非存在于这世界的外部。对色诺芬尼来说,这自然—世界才是神。亚里士多德提出,色诺芬尼"只是在说,回望整个世界,'一者'(to hen)就是神"②。但是,这种看法等于否定了自然/世界以外的众神以及"真实世界",也意味着否定二重世界。

赫拉克利特继承了这一思想。他的确很重视变化、多数和斗争,"万物流转"已经成了赫拉克利特的代名词。不过,这一看法本身并没有什么特别,反倒是由此产生的认识更为重要。面对不断转变的感觉世界,毕达哥拉斯针锋相对,提出了永恒不灭的世界的主张。看上去,赫拉克利特与毕达哥拉斯很相像。赫拉克利特也主

---

① 《苏格拉底以前哲学家断片集》(第Ⅰ分册),第277页。
② 亚里士多德:《形而上学》,出隆译,见《亚里士多德全集》(第十二卷),岩波书店,第24页。

张,万物即是"一",对立之物即是"一"。"所谓的知,就是通过万物驾驭万物的睿智。"(B41)"并非听从我,而是听从和理解(Logos),并赞同万物即一,那就是知。"(B50)然而,这决计不等于说,在感觉的多样的假象世界背后,存在一个本质的、同一性的世界。相反,它意味着,除了这"一"的世界,人们所想象的其他世界都不过是一种假象。

赫拉克利特所说的"一",就是世界(Cosmos)。"这个秩序井然的世界、作为万人共有的同一物的这个世界,既非神所创造,也非人所创造。作为永恒的活火,它无论过去、现在还是未来,都永远存在。"(B30)赫拉克利特的这个看法,明显受到色诺芬尼所说的世界——一者这一观念的影响。这一者即神,却不可拟人化。所以赫拉克利特说,"那'一',那唯一的智慧,既愿意又不愿意接受宙斯这一称号。"(B32)

赫拉克利特的特别之处,在于他那"一由万物而生,万物由一而生"的观念。但这里他所说的"一",并不是说作为本质的同一性,隐藏于万物多彩的外观之彼岸。对他来说,万物的"一"之性质,并非超越物质性和运动性,而是由它而获得实现。如前所述,在赫拉克利特看来,物质的运动意味着对立物的斗争。我们也可以补充说,物质的运动,意味着对立之物的"交换"。"事物的全部,是火的交换物,火又是所有事物的交换物,正如物品之于黄金,黄金之于物品。"

(B90)

赫拉克利特说，正如货币对万物而存在一样，火也是对万物而存在。不过，他想强调的，并非火不同于万物，而是火乃万物之一。尽管如此，火还是超越了万物，就是由于它要经由与万物的"社会性"交换。就是说，黄金所以是货币，并非因为它是黄金，而是因为经过与万物的交换，黄金具有了一般等价形态的性质。①

毕达哥拉斯认为数是万物的本原。这既是对探索本原问题的伊奥尼亚自然哲学的继承，同时也是对其的一种根本否定。因为这一认识消解了自然哲学"运动的物质"的观念。而赫拉克利特所考虑的却是如何恢复伊奥尼亚自然哲学。不过，毕达哥拉斯与赫拉克利特不同，不仅在如何对待自然哲学这一点上。更本质的区别，乃是在对待伊奥尼亚社会崩溃的不同立场上。

---

① 例如，古典派经济学者（亚当·斯密及李嘉图）提出，任何商品都具有共同本质（劳动价值），而表示这种本质的，就是货币。对他们来说，交换并不重要。但是人们交换不同商品，不是因为它们具有相同价值，而是因为他们彼此需要其使用价值。其结果是，人们发现了不同商品所具有的共同本质。另外通过交换，某一商品被置于货币（一般等价）的位置。于是某一商品（金和银）成为货币。马克思在《资本论》中便提出了上述思想。一般认为，马克思从古典经济学那里继承了劳动价值论。但实际上不如说，马克思再一次引进了古典派在批判重商主义经济学或商人资本主义过程中抹杀了的"交换"之契机。

毕达哥拉斯在萨摩斯岛的城邦沦为僭主政时，离开那里，试图在新的天地建立一个不为感性所左右的理想社会，即教会组织。他的目的是以观念异化的形式，来重建已经逝去的 Isonomia。后来，这个想法归结成柏拉图的"哲学家＝王"的思想。

赫拉克利特则不同，他对城邦没有绝望。换言之，他一直在追求 Isonomia。当然，他的这种态度被大众所疏远，他也一直保持着自己的孤高。我们应该注意的是，在这一时期，除了毕达哥拉斯，还有很多思想家也离开自己的城邦，到处流浪。但赫拉克利特却毕生没有离开自己如此厌恶的埃菲索斯。他绝没有将自己的思考局限在城邦的范围里。他是一个彻底的个人主义者，也是一个世界主义者。他所主张的"理"（Logos），超越了城邦之法，是一种具有普遍性的"共同之物"。"人类的法，均由唯一的神的法所喂养。"（B114）"应当遵从普遍之物（即共同之物）。但是，尽管此理即是普遍之物，仍有许多人依照自己独特的思虑而生活着。"（B2）

不过，赫拉克利特还是留在了城邦。这是因为，他所说的"理"（Logos）正应该在城邦里得到实现。只有在小城邦里，Isonomia 才能实现。而这种小城邦的联邦又形成国际城邦。可是，如果没有这种小城邦，那所谓的国际城邦就只能成为世界帝国。实际上，那些离开了自己所在城邦的思想家们，创建了适合希腊主义时期之帝国的个人主义哲学。而赫拉克利特则一面批判埃菲索斯，一面选择了留在那里。

赫拉克利特这一举动，很像被判了死刑但仍宁可留在雅典也不肯逃走的苏格拉底。柏拉图在《国家》中说道，市民的义务是忠于城邦的 Nomos（法律和制度），而那法律和制度则要通过一个杰出的领导者来实现。他又说，这些想法都来自赫拉克利特。可事实上，赫拉克利特既不是统帅集团的领袖，也从未有过那样的想法。柏拉图崇仰的苏格拉底也是一样。因此，柏拉图的看法并非来自赫拉克利特和苏格拉底，而是毕达哥拉斯。实际上，柏拉图和毕达哥拉斯一样，都曾想在外国（锡拉库萨，Siracusa）——而不是雅典——实现自己的理想。

3 巴门尼德

a 巴门尼德

人们通常认为，在伊奥尼亚的自然哲学向雅典哲学转换之际，发挥作用最大的，就是巴门尼德。但是，持这种观念的都是希腊哲学家。而我以为，促进伊奥尼亚哲学实现重大转换的，其实是毕达哥拉斯。而赫拉克利特与巴门尼德则是与这一转变相对抗的人物。说到这一情形，从赫拉克利特与自然哲学的联系以及斗争性来看，很容易觉察到这一点。但巴门尼德就不同。他所呈现的间接证明的方法，看上去是伊奥尼亚学派所没有的新的要素。柏拉图将这一方法作为打倒伊奥尼亚自然哲学的武器而加以使用。可实际上，间接证明是来自伊奥尼亚的。

巴门尼德与伊奥尼亚有很深的渊源。巴门尼德出身埃利亚，而埃利亚这座城邦就是由来自伊奥尼亚的移民创建的。据说，巴门尼德受到毕达哥拉斯学派影响，加入过其教会组织。这个渊源关系，将巴门尼德从伊奥尼亚学派的脉络中切割出来。但另外，譬如亚里士多德写到，"据说巴门尼德是色诺芬尼的弟子"（《形而上学》）。虽说毕达哥拉斯出身伊奥尼亚，却否定伊奥尼亚的哲学。同为伊奥尼亚出身的色诺芬尼，则全面继承了伊奥尼亚的哲学。可见，肯定一方面传承的人，必定否定另一方面的传承。但是，关于上面的两个传承，实在没有必要一定做出一个选择。巴门尼德最初参加了毕达哥拉斯学派，但后来又成为色诺芬尼——来自伊奥尼亚、批判毕达哥拉斯学派——的弟子。这意味着，如何内在地克服自己曾一度为之倾倒的毕达哥拉斯思想，实为巴门尼德的毕生课题。并且，最终这必将走向对伊奥尼亚思想的恢复或重建。

关于这个问题，还有一个根深蒂固的偏见。巴门尼德说，"有则有，无则无"。即"有且无"是不能成立的。与他不同，赫拉克利特主张"万物流转"。"我们踏进又踏不进同一条河，我们存在又不存在"（B49a）黑格尔认为，这一主张与巴门尼德恰恰相反，仿佛是在批判巴门尼德一般。因此,黑格尔是将赫拉克利特作为巴门尼德之后出现的思想家来处理的。

> 虽然埃利亚派主张,唯有"存在"存在,唯有存在是真实的。但存在的"真实"是"成为",存在,不过是第一的、直接的思想。赫拉克利特说一切都是"成为"。"成为"即原理。……从"存在"向"成为"的转变显示了伟大思想的力量。"成为"虽然还显抽象,但同时也是迈向具体的第一步,即对立的观念的最初之统一体。对立的存在与非存在,在"成为"这一关系中并不是静止的,而是以生动的运动为原理的。就这样,亚里士多德所指出的以往哲学的缺陷——运动的观念,被补充了进来。在这里,运动自身成为了原理。①

可是,据推定,赫拉克利特系公元前544年生、公元前483年卒,而巴门尼德是公元前515年生、公元前450年卒。因此,赫拉克利特反驳巴门尼德之说是无法成立的。首先,在这一点上,黑格尔的《哲学史》是虚假的。那么是不是可以说,巴门尼德对赫拉克利特提出异议了呢?那也同样不实。我们不如说,他们两个在

---

① 黑格尔:《哲学史讲演录》(上卷),长谷用宏译,河出书房新社,第268—269页。

第四章 伊奥尼亚没落后的思想

很多方面都很类似。他们都与先于自己的毕达哥拉斯思想进行了战斗。

根据亚里士多德的说法，黑格尔提出，赫拉克利特补充了以往哲学所欠缺的"运动"的观念。但这一说法是有违事实的。伊奥尼亚的自然哲学已经发现运动的物质就是"本原"。即，物质与运动是不可分割的。将两者分割开的，是毕达哥拉斯。他认为，在物质的根本之处，存在着通过数学来把握的"关系"。由此，便产生了与感性知识不同的知、与感性世界不同的真实世界的观念。那也就是，静止地看待世界。因此，运动是假象，所谓运动，不过是数由一向多的增大而已。赫拉克利特对这种看法提出了异议。

赫拉克利特认为火这一物质性是世界的本原，并进一步强调持续不断的运动或生成。他要恢复自己从色诺芬尼那里学到的伊奥尼亚自然哲学。那么，巴门尼德又如何呢？他主张"一者"，所以每每被人视为他是否定运动的。但是——后面将做详述——实际上他所否定的是毕达哥拉斯的二重世界论。他说过，如果采用毕达哥拉斯的观点，那么运动就无法存在。这并不是在否定运动，而是否定静止地看待世界。如果说面对毕达哥拉斯学派，赫拉克利特是直截了当主张运动的物质的话，巴门尼德就是以间接证明的方式表明同样的主张。

关于赫拉克利特和巴门尼德，还有一个问题需要注意。即，他们对毕达哥拉斯的批判不单止于理论层面。

黑格尔说过，"公元前500年左右，正处于人生巅峰期的赫拉克利特，出生于埃菲索斯，其人生有一部分与巴门尼德相互重叠。那个时期，他们两人都开始显示出一种相同的倾向，即哲学家应该与国家公务以及社会公共关心保持距离，而潜心于哲学研究。"① 可是，尽管赫拉克利特没有获得什么政治地位，但他所从事的活动却一贯介入了社会公共关心的领域。而有关巴门尼德的社会公共活动，仅有很少的传闻资料，表明他"为（祖国的）市民们制定了法律"②。但是，通过巴门尼德所钟爱的忠实弟子、养子芝诺（Zeno of Elea）的言行，我们可以推测到巴门尼德在政治上是怎样的一个人。

说到芝诺，人们会想到他是玩弄悖论的诡辩家的元祖。可第欧根尼·拉尔修曾记载了几个令人吃惊的传说。一个是，芝诺谋划推翻僭主内亚尔科遭到被捕，他说有秘密要告诉僭主，于是凑近内亚尔科耳边，一口咬住他的耳朵，直到被杀死也未松口。另一个传说是："面对站在周围的人们，他疾呼：'你们的懦怯，令我惊讶！如果你们为我此刻身受痛苦而感到恐惧，那你们永远都将是僭主的奴隶'。最后，芝诺咬断自己的舌头，吐向僭主。于是，市民们群情激愤，一起用石块将僭主

---

① 黑格尔：《哲学史讲演录》（上卷），第265页。
② 第欧根尼·拉尔修：《希腊哲学家列传》（下卷），加来影俊译，岩波文库，第110页。

砸死。"①

芝诺怒斥，"你们的懦怯，令我惊讶"。这样的说法，正如人们对赫拉克利特的批判那样，如果把它看作蔑视大众的"贵族主义"的话，那就错了。恰恰相反，芝诺的慷慨言辞，正是发自 Isonomia 精神。也正是他的激昂鼓动震动了市民，最终打倒了僭主。被这样一个人物尊为老师的巴门尼德，毫无疑问，一定具有不逊于赫拉克利特的昂扬斗争精神。无论巴门尼德留存于世的那些著作看起来多么抽象，他也绝非"与国家公共事务以及社会公共关心保持距离"的哲学家。也就是说，绝不同于毕达哥拉斯所说的"观想"。他的"无则无"的认识连接着他对观想"不存在之物"的拒绝。不仅如此，他对毕达哥拉斯的批判，并未停留在单纯的理论层面。

b 毕达哥拉斯批判

亚里士多德是这样解释巴门尼德的主张的："他说'在是之外就没有不是了'，存在就是存在，就只有这一种形式，不会有不存在这种情况存在；但是我们的感官世界所感觉到的是非一的，与他所说'自然的定义就是一'有出入，这时他又提出了两种原因，两种原理，称之为热与冷，就是火和地，对

---

① 第欧根尼·拉尔修：《希腊哲学家列传》（下卷），第116页。

于这两种东西,他把热归到'是'里面,把冷归到'非是'里面。"①

这段话显示出,巴门尼德继承了伊奥尼亚的自然哲学。巴门尼德主张"存在即一",但亚里士多德却说,巴门尼德"即便不情愿,也不得不遵从现象的事实",于是接受了多个感觉的世界。亚里士多德的解释有些奇怪。因为巴门尼德原本就没有否定感觉的世界。它主张"存在即一",并不是针对伊奥尼亚学派,而是针对否定感觉的世界、制造出虚空这一观念的毕达哥拉斯学派。

伊奥尼亚学派否定天地由 Chaos(虚空)生成的赫西奥德神话。主张原始物质虽具有多种形态,但从"无"生成或消亡是不存在的。与此相反,毕达哥拉斯则认为,万物的根源不是物质,而是数;"一"由虚空(毕达哥拉斯称之为 Kenon)而生,进而吸纳虚空,再生成"多"。从现代数学的角度来说,这就是把数看作是空的集合所生成。可是,在希腊这一脉络上,这意味着恢复 Chaos 生成世界这一神话型思考。而另一方面的巴门尼德则否定世界由虚空和无所生成。虚空即"非存在",不存在之物即不存在。但存在即是"一"。这意味着物质的恒在性。对世界由虚空和无所生成的否定,

---

① 亚里士多德:《形而上学》,黄颖译,北京:时事出版社 2014 年版,第 17 页。

即是对前伊奥尼亚式思考（赫西奥德）以及后伊奥尼亚式思考（毕达哥拉斯）的批判。在此意义上，也是重新回到伊奥尼亚思想那里。

需要再次指出，巴门尼德的见解并非否定运动和生成。相反，他是要重新恢复自然哲学的"运动的物质"这一观念。在毕达哥拉斯那里，运动是被否定的。在他的思想中，万物的根底里内在地存在着"关系"。而这关系又是静止的。这种见解与伊奥尼亚学派恰恰相反，而是回到了过去的赫西奥德式的思考那里。

在神话的世界，所有的一切都是通过事后的观点来看待和解释。即，将业已发生的事情作为神的意志或目的来加以说明。如此看来，伊奥尼亚的自然哲学家们所否定的，并非众神，而是以事后观点或目的论的观点来看待事物。他们摒弃以目的论来把握物质的运动，并由此产生出进化论的思想。毕达哥拉斯以事后观点思考运动，并将通过事后观点所发现的世界视为"真实世界"。柏拉图的观念论以及作为 Demiurge（造物主）的神、亚里士多德的原因论（目的因和形式因）均由此派生而来。

巴门尼德所否定的，是毕达哥拉斯所鼓吹的事后观点。持事后观点，可以把运动看成是数和点的合成，换言之，连续的线可以分割为数和点，数和点也可以构成连续的东西。而巴门尼德则主张运动不可分割，运动即"一"。他试图用间接证明的方法来显示这一点，他的弟子芝诺也使用了相同的方法。据柏拉图的《巴门尼德》称，毕达哥拉斯学派曾嘲笑巴门尼德所说的"一之存在"，芝诺则为巴门尼德辩护，他反驳说，反之，如果存在"多"，就会陷入到怪论中。一般认为，芝诺的悖论是在证明多和运动的不可能性。事实正好相反，他是在说，如果按照毕达哥拉斯的看法，多和运动就是不可能的。换言之，芝诺悖论的目的，就在于毕达哥拉斯学派的前提。

例如，"阿基里斯赶不上乌龟"这一悖论意味着，假定连续体可以无限分割，则阿基里斯就永远追不上乌龟。但现实上，是追得上的。因此，连续体是无法无限分割的。另外，说到"飞矢不动"这一悖论也一样。静止的箭无论如何重叠，都不会产生运动。也就是说，箭是不飞的。可是在现实中，箭却是飞的。因此，考虑所谓静止的箭、即分离于运动的物质本身，是错误的。

这些悖论所显示的，并不是运动的不可能性，在其背后，是在寻求使运动成为可能的思考。柏格森在《时间与自由》中有这样的主张，相对于空间的可分，时间就是不可分的持续。然而，以往一直支配哲学的，却是以处理空间的方式处理时间的观点。柏格森将这一"错误"的责任归咎于埃利亚学派。但实际上最早对分割时间与运动的观念进行批判的，正是埃利亚学派。

我以为，柏格森在《时间与自由》中所说的，意味着在运动完了之后对时间和运动的观察。例如，一般认为,"现在"处于过去和未来之间。可是,这是在事后来看现在。"现在"这一瞬间已经成为过去。在真正的现在,不仅没有未来和过去,甚至"现在"也不存在。那就是巴门尼德所说的"一之存在",即只有在运动和生成的最高潮的瞬间来观察它们。

黑格尔认为芝诺是"辩证法的元祖"。可是,芝诺的辩证论是在接受某一命题的基础上,对其进行咀嚼时所发生的,其目的是为了反驳以事后观点理解运动的态度,并且,这种思考属于毕达哥拉斯学派和柏拉图学派的末流,故而与赫拉克利特和巴门尼德是不同的。

c 间接证明

巴门尼德以如果假定"非存在"存在就会陷入逻辑矛盾的方式,证明了"非存在"不存在。芝诺则以如果分割连续体就会陷入怪论的方式,证明了存在"一"这个连续体。这种间接证明,系埃利亚学派始创,这里存在着与伊奥尼亚自然哲学的断绝。但如前面所说,巴门尼德并非通过这种形式否定自然哲学,而是要"间接地"肯定它。进一步说,这种间接证明也不是巴门尼德的创造,而是原本存在于伊奥尼亚的自然哲学中。

自然哲学并不仅仅以经验性观察为基础。一般来说,无论在哪里,实践性的"知",都是首先建立一个假设,然后加以思考和修正。这种假说先行的方法,就是在伊奥尼亚发展起来的。山川伟也指出:"希腊科学具有的典型的演绎性特征，并不是由巴门尼德最早呈现的，在伊奥尼亚科学的发端阶段，就已经可以看到其萌芽了。"① 比如，阿那克西曼德在提出"阿派朗"（Apeiron，无限定）是万物之根源时，就解释说，假若将"阿派朗"限定于水和火的话，就会在逻辑上产生矛盾。这就是间接证明。

按照亚里士多德的说法，色诺芬尼的"神＝一者"也是用间接证明的方式表达出来的。即，"如果众神已经降生，那么其在诞生以前必定是'无'。假如众神死亡，那么众神将回归于'无'。有神所不存在的时刻，这是不可想象的（不合理）。因此，众神既不会降生，也不会死亡。故神是永恒存在的。"山川伟也亦指出，巴门尼德的下述论证方法（B8）与色诺芬尼是一样的。"'有'不生不灭。为何呢？让我们假设一下'有'既可生成又可消灭来看看。若是生成，必来自'无'，若是消灭，也必归于'无'。然'无'既不能言说，又不能思考（不合理）。故'有'不生不灭。"②

从继承了伊奥尼亚学派的色诺芬尼之间接证明这一点来看，巴门尼德非但没有违背伊奥尼亚的自然哲学，而且足可谓是其继承者。然而，巴门尼德所采用的间接证明，却一直被人视为颠覆了自然哲学所具有的前提。

---

① 山川伟也：《古代希腊的思想》，讲谈社学术文库，第178页。

② 同上书，第179页。

这是因为，巴门尼德的下面这些话，看上去是在证明思维之于存在的优越性。

> 思维与思维的对象是同一的。因为，如果没有让思维得以表达的对象物的话，你就无法看到思维。的确，在存在之外，此刻没有、今后也不会有任何东西。①

这个断片，历来被解释为"思维与存在是同一的"。即，思维决定存在的观念论宣言。可是，巴门尼德所说的其实正相反。即，物是存在的，与存在物无关的思维是不存在的。只不过，如果不经过思维的整合，思维对象也就无法存在。如毕达哥拉斯所说的"虚空"即是如此。

巴门尼德非但没有否定伊奥尼亚唯物论思想，反而是在其基础上进行思考。以往的自然哲学家们否定了拟人化的众神，即以理性（Logos）排斥感觉的空想的假象。只是，巴门尼德要排斥的假象，毋宁说是由理性而产生出来的假象。譬如毕达哥拉斯所主张的超越感觉的"真实世界"。巴门尼德认为，这种"真实世界"正是"非存在"，是假象。这种假象与感觉所造成的假象不同。由感觉而生的假象，可以通过理性

---

① 《苏格拉底以前哲学家断片集》（第Ⅱ分册），第89页。

进行订正。但理性所产生的假象却很难订正。那只有通过呈示思维陷入自我矛盾才可能做到。如果说巴门尼德有什么划时代的贡献的话，那就是这种对于理性的"批判"。

当然，我在陈述这些看法时，脑子里一直都在想着康德。以往的哲学，一直都把以理性批判来自感觉的假象作为自己的课题。而康德却不同，他要批判的是理性所产生的假象。这种假象必然地与理性相伴，因此无法简单地通过理性来去除。康德将这种假象称为超越论假象。这种假象因理性而产生，也只有通过理性进行批判。所以，康德所说的"批判"，乃是以理性对理性自身进行的批判。

我认为，巴门尼德正是这一"批判"的先驱者。换言之，我们可以将康德看作是巴门尼德的后继者。比如，康德对"物自体""现象""假象"这三者进行了区分。康德是一个肯定"物"的外在存在的唯物论者。但是，我们所认识的并不是物自体，而是基于主观性构成的现象。这时的所谓现象，事实上意味着科学的认识。因此，现象不是假象。因为现象是基于感性的直观，而假象并不以感性的直观为基础。不仅如此，在假象中存在完全基于理性而形成的假象，即超越论的假象。这是最棘手的假象。康德在《纯粹理性批判》中所批判的，就是这种假象。

看上去，康德所提出的"现象与物自体"的区别，很像是感觉的假象世界与理性的真实世界这种二重世界论的翻版。当然，实际并非如此。康德的批判目标是假象，特别是"真实世界"这一假象。然而，他的"物自体"却被误解为"真实世界"。误解缘于康德直接而积极地提出这一概念。康德自身也意识到自己的失误。在《纯粹理性批判》出版以后，他说关于此书，自己曾经考虑过其他的写作方案，又说当初应该按照那个方案来写作（致 M. 赫尔兹书简，1781 年 5 月 11 日）。

这里所说的其他方案，指的是改变在著作开头部分提出现象与物自体的区别这种想法，而从辩证论开始写起。就是说，通过提出若不对物自体与现象进行区分就会陷入矛盾，来（间接）证明物自体的存在。康德担心的是，如果不用上面的那种方式叙述，可能会给人一种错觉，即物自体是一种超越感觉的观念性存在。康德的担心果然成为现实。

物自体、现象、假象的区别，在思考巴门尼德时也是必要的。巴门尼德的哲学诗《关于自然》由两部分组成，即女神首先讲述"真理之路"，然后讲述"臆见之路"。所谓的"真理之路"，即"'存在'存在，'非存在'不存在"这一认识。但女神说，这并没有完结，我们还要探寻"臆见之路"。"在这里，我要结束我那值得信赖的、有关真理的言说和思考。从现在开始，请你们学习那些该死者的信念。姑且听听我那充满言辞欺瞒的故事吧。"① 可是,懂得"真理"的人为何要学习"臆见"呢?

不过,巴门尼德的所谓"臆见",并不是假象。借用康德的说法,那是现象,即基于感觉性直观的思考。在前面,康德这样说过,巴门尼德认为存在即是一,但"即便不情愿,也不得不遵从现象的事实",进展到感觉性的实在探究。然而,这样的顺序是反向的。巴门尼德首先呈现"真理之路",就是为了排斥那种超越感觉世界的真实世界之类的"假象",这样才能开辟出通往"现象"的道路。

所谓"假象",最典型的莫过于像毕达哥拉斯学派那样,否定感觉性的实在,主张数是世界的根源。而巴门尼德所主张的,就是排除这些假象,探究"臆见"(现象)。换言之,就是排除毕达哥拉斯哲学,继承伊奥尼亚学派创立的自然认识,并予以进一步发展。而事实上,埃利亚学派之后的新一代哲学家一直致力于探究这一课题,并在此过程中产生了原子论。

4 埃利亚学派之后

a 恩培多克勒

人们认为,埃利亚学派具有否定伊奥尼亚自然哲学

---

① 《苏格拉底以前哲学家断片集》,内山胜利等译,京都大学出版会,第330页。

的倾向，但正如前面说过的那样，这一派实际上是要恢复伊奥尼亚的自然哲学。巴门尼德的"一者"之主张，意味着对由"无"而来的生成的否定，以及原始物质乃是以永恒存在为前提的。那么，"一"这一原始物质又是如何获得多样的形式呢？在埃利亚学派之后，那些要继承自然哲学的人们，不可避免地要去解决这个问题。于是，多元论出现了。

在最早的那批多元论者当中，最有代表性的人物，当属恩培多克勒。他认为，万物的根源就是四种"根"，即"火、空气、水、土"。这自然是受到了伊奥尼亚自然哲学的影响。他从泰勒斯那里拿来了水，从阿那克西米尼那里拿来空气，吸收了赫拉克利特的火，然后又加上了土。他又赋予它们以神的名字："光辉的宙斯（火）、孕育生命的赫拉（空气或土）、爱多纽（土或空气）、内斯蒂（水）"。但除了名字，这些与神话并无关系。

但是，恩培多克勒与伊奥尼亚学派的不同在于，在他看来，他的四个根是相互独立对等的。伊奥尼亚学派的哲学家们都是以一种原始物质来说明其他物质。阿那克西曼德最早意识到这种解释方式的困窘，提出四个根的根底之处存在着"无限定"。然而这"无限定"与其说是物质，还不如说是观念。因此，从"无限定"向限定的生成才会为人们所谈论。在此意义上，这一看法与主张世界的生成来自虚空的毕达哥拉斯很相似。

另外，继阿那克西曼德倡导"无限定"的观念之后，其弟子阿那克西米尼又回到物质，主张空气为万物的本原。相对于以数为本原的毕达哥拉斯，恩培多克勒也回到了物质那里。他再次导入了之前伊奥尼亚学派所提出的四种根源物质。但并没有指出哪一种物质才是最根本的。这四种物质相互对等，其中任何一种都不能还原为"无限定"，也不能转变为其他物质，与其他物质结合而变为新的物质也是不可能的。这些物质既非由虚空生成，也不会消灭。

恩培多克勒指出："根本不存在之物，不会有任何东西产生；同样，存在之物也不会破灭消失。此乃我们以往未闻之事。"恩培多克勒的这番话，表明他已经遵从了巴门尼德的观念。因而万物是由他所说的那四种元素的结合与分离所形成。他提出，爱带来结合，而恨则促成分离。爱和恨不是一种心理性的存在，而是像吸引力和排斥力那样的物理性力量。从这一原理出发，恩培多克勒对生物进化问题进行了思考。如前所述，在考虑进化问题时，他并没有采取目的论的立场，而是从自然选择的角度展开自己的思索。这里，我们来看看他对于社会变迁问题的见解。

他将社会进化分为四个时期。第一个时期，只有爱的支配、四种元素（根）处于和合状态的时期。第二个时期，斗争逐渐发生、四根渐渐分离的混合时期。第三个时期，斗争处于支配地位的分裂时期。第四个时期，由于爱的进入，四根渐次结合在一起的混合时期。可以说，恩培多克勒的这一分法应该是受到赫西奥德《神统记》的影响，赫西奥德认为时代变化的顺序，是黄金时代、白银时代、青铜时代、英雄时代及黑铁时代。也就是说，赫西奥德的"黑铁时代"，对恩培多克勒来说，即是第三个时期——由斗争支配的分裂时期。与此同时，正如赫西奥德对时代抱有"希望"一样，恩培多克勒也看到了改变时代状态的可能性，他称之为"爱"。

b　原子论

继恩培多克勒之后，阿那克萨戈拉主张元素并非四个，而是有无数个。正如巴门尼德所说，假如不存在之物并不产生存在之物的话，我们就必须设想那无数的种子，就是"存在之物"。阿那克萨戈拉说："关于生成和消灭，希腊人并没有一个正确的看法。因为任何事物都既没有生成，也没有消灭，而是以已经存在着的诸种事物为基础，或是混合或是分解。所以，把'生成'称作'混合为一'，把'消灭'称为'分解'，应该是正确的叫法。"[①]

阿那克萨戈拉认为，有无数的种子，任何一个种子都包含着与其相反的要素。"在一切之中存在着一切。"

[①] 《苏格拉底以前哲学家断片集》（第Ⅲ分册），第289—290页。

麦里梭这样认为："如果事物是无限的，那么它们就必然与一者（存在之物）具有相同的本性。"而就是在这种主张的延长线上，原子论诞生了。

留基伯最早提出原子说——无法分割、属于同一要素的无数原子。他还导入作为原子连动的场，即虚空的概念。他原本出身埃利亚，是芝诺的弟子。他所谓的虚空，吸收了巴门尼德的观念，即"非存在"不存在。巴门尼德否定了毕达哥拉斯世界生成于虚空的主张。而在另一方面，留基伯却认为，虚空是作为充实体的原子连动的场。原子既无生成也无消灭。原子在虚空中连动，相互冲突又相互联系，进而形成万物。① 留基伯就是以这种方式，在保持巴门尼德思想的同时，思考多元世界。他的弟子德谟克利特则进一步发展了这一思想，主张生成与消灭来自原子的结合和分解，性质变化则受制于原子的排列和朝向。

恩培多克勒认为透过四种元素的组合便可以解释万物的形成，与此相比较，主张无数原子之运动的原子论者似乎领先了一步。而实际上，恩培多克勒所思考的并

---

① "根据他们（留基伯和德谟克利特）的说法，分割在物体内部的空虚中进行。这些原子在无限虚空（虚空间）中分散存在，形状、大小、方向、排列各不相同，在虚空中运动。有时它们相互碰撞发生冲突，一切都是偶然的，有的弹回到原点，有的则依据形状、大小、方向、排列的情况相互交汇，'形成一个整体'后，便由此生成合成体。"[《苏格拉底以前哲学家断片集》（第 IV 册），第 13 页]

不仅限于四种元素（基本要素）。阿埃特斯（Aeitus）这样说道："恩培多克勒和色诺克拉底主张，基本要素来自更加微小的块粒的结合。这种块粒极其微小，是基本要素的基本要素。"[①] 也就是说，恩培多克勒已经认识到比四元素更小的原子。他所以没有走向原子论，乃是因为站在原子论立场来看，恩培多克勒的思想还不够彻底。但这并不等于恩培多克勒的主张为原子论所不容。

迄今为止，物理学一直在对原子这一无法进一步分割的物质进行探索。从19世纪道尔顿命名为原子的物质那里，陆续发现了原子核（质子、中子）以及素粒子。也就是说，被视为"原子"的物质，其实也是其下一层"原子"的结合。当然，即便进一步发现出更下一层的"原子"，之前的"原子""元素"也不会被当成假象加以否定。

例如，分子是通过原子的结合而存在的，却不能还原为原子。物质在分子和原子层面具有不同性质。即使物质能够到达更加根源性的原子层面，也不能无视其在各个层面所存在的固有性质。如此想来，从原子论的角度来看，恩培多克勒的四元素论似乎不够彻底，其实反而把握了原子论所无法消解的性质。

当我们将原子论作为社会科学而非自然科学来考虑

[①] 《苏格拉底以前哲学家断片集》（第Ⅱ分册），第188页。

的时候，这一点尤为重要。今天，通过原子论即个体来说明整体的理论，已经成为社会科学的主流。对此，有人从整体论，即整体先于个体的观点进行批判；也有人如黑格尔那样，认为个体与整体是一种辩证法式的相互规定的关系。这些观点，无一不是将个体与整体视为对立的存在。

这里明显缺少了个体与个体相互关联的视角。个体与整体的观点，使人无视个体与个体的关系所形成的结构。只要这种思考路向存在，就无法历史地把握社会。譬如我在本书中，试图从四种交换方式的结合与分离这一角度来分析社会史。即，不以整体和个体的观点看待社会，而是从个体与个体关联的诸种形式出发，来分析社会结构。我对恩培多克勒的思想抱有兴趣的原因，也正在这里。

c 从城邦到世界

希腊哲学的历史，一般被分为巴门尼德之前和之后。但实际上真正前后不同的，是恩培多克勒及其之后。要了解这一点，就必须要考察那一前后不同时期在政治方面的差异。如前所述，巴门尼德的弟子芝诺为了民主化不惜生命，由此推测，巴门尼德应该也是一个激进的民主派。同样，恩培多克勒也为实现 Isonomia 进行了许多努力。

普卢塔尔霍斯这样说过："恩培多克勒揭发并驱逐那些居于领导地位而旁若无人地贪污共有财产的市民，

他还截断高山峡谷,改变了南风由此吹向平原的状况,将村镇从灾害和鼠疫中解救出来。"① 人们传说他是一个万能之人。"萨提罗斯在其《生平录》中说,他也是一名医生兼优秀的演说家;无论如何,林地尼的高尔吉亚——一位杰出的演说家和一篇艺术论文的作者——曾是他的学生。阿波罗多洛在其《编年史》中谈到高尔吉亚时,说他活了一百零九岁。萨提罗斯引用这同一位高尔吉亚的话说,当恩培多克勒开创他那不可思议的业绩时,高尔吉亚正好侍其左右。"②

恩培多克勒就是这样一个拥有很多神奇传说的人物。例如,他为了让人们相信有关自己的那些传说——如治愈不治之症、如深夜里来自天上的对他的大声召唤,以及自己变成了神,而跳入了埃特纳火山口,如此等等。(《希腊哲学家列传》)无论这些传说是真还是假,这许许多多的传说,都显示了民众像对待预言家一样敬畏和拥戴恩培多克勒。同时也证明了,恩培多克勒与赫拉克利特、巴门尼德一样,都是城邦的思想家。

然而,自从恩培多克勒以后,直到德谟克利特的思想家们,却不再立足于城邦。这并不是他们个人的选择。这是因为,自波斯战争之后,雅典已成为一种帝国而君临在上,无论是在内在意义上,还是在外在意义

---

① 《苏格拉底以前哲学家断片集》(第Ⅱ分册),第169页。
② 第欧根尼·拉尔修:《名哲言行录》(下册),马永翔、赵玉兰、祝和军、张志华译,长春:吉林人民出版社2003年版。

上，各个城邦都失去了自律性。在此之前，思想家们身处各自的城邦，同时与其他城邦的思想家进行交流。而此后，这种可能不复存在。他们纷纷来到希腊政治和经济的中心雅典。当然，在那里他们已经不可能参与城邦（政治）事务，他们中的大多数，作为出卖知识的商人进行活动。

伊奥尼亚系统的思想家，原本是移民的子孙，他们的移动是自己自愿的选择，因此他们并不仅仅因为自己生在那里便拘泥于某一特定的城邦。他们执着的是，自己所选择的城邦无愧于自己的选择。为此，他们忠诚于城邦，愿以生命来捍卫城邦。芝诺宁死也要抵抗僭王的逸事便很好地体现了这一点。我们所考察的赫拉克利特、巴门尼德、芝诺和恩培多克勒，都是这一类的思想家。

不过，他们所以做到这一切，乃是缘于他们生逢了一个可以做到这一切的时代。从公元前5世纪中叶雅典掌握霸权开始，各城邦的自治变得有名无实。虽然伊奥尼亚系统的思想家们聚集到了政治中心雅典，但他们却变得非城邦/非政治了。因为在雅典，外国人无法成为市民。于是，他们强化自己的世界主义和个人主义倾向。原子论成为支配性思想的原因正在这里。原子论式的思考方式脱离了城邦的社会关系，在更加广阔的空间（世界城邦）看待个人。德谟克利特说："贤明的人可以踏遍任何土地。因为整个世界都是善良灵魂的祖国。"①

　　而另一方面，这也使得在与其他个人的社会关系中思考个人、即城邦式/政治性的思考不再可能。这时候，个人只能是避免过度介入现实，即采取怀疑主义的态度。在雅典，被称为智者的外国人一般都采取这种态度。并且，个人能做到的，就是与外在世界拉开距离，让自己的精神保持平静状态。当雅典臣属于亚历山大所建立的"帝国"以后，这种态度更成为一种普遍思潮，即斯多葛学派和伊壁鸠鲁学派的哲学。斯多葛学派主张智者应该参与政治的原理，并且出现了小加图、塞内卡、马可·奥勒留等政治家。但他们在本质上都是非城邦—非政治的。因为力图在参与帝国政治的同时，毫不动摇地保持精神的平静，就是他们的哲学。

---

① 《苏格拉底以前哲学家断片集》（第Ⅳ册），第222页。

第五章　雅典帝国与苏格拉底

1　雅典帝国与民主政

此前，我从伊奥尼亚以及伊奥尼亚移民所建立的意大利城邦的角度，对希腊思想史进行过思考。现在，我再从雅典的角度做一下探讨。前面已经说过，雅典的民主化不仅晚于伊奥尼亚，而且从一开始便受到伊奥尼亚政治思想的影响。比如，梭伦改革（公元前594年）便试图尝试伊奥尼亚所具有的Isonomia原理。但一个社会如果处于阶级分解状态的话，Isonomia是无法实现的。梭伦改革便由于贵族阶层的反对而遭受挫折。

这时候，使用暴力来压制贵族阶级的，便是庇西特拉图的僭主政。人们一般认为，当僭主政治完全终结、克利斯提尼改革（公元前508年）兴起的时候，雅典的Democracy开始起步。不过，我们需要注意Democracy与僭主政治之间的关系。Democracy的确始于僭主政治的垮台，但这两者的关系却并不单纯。比如，僭主庇西特拉图压制了贵族阶级，而受到多数派的无产者阶级的欢迎。假若 Democracy 即"多数者支配"的话，那么就应该是以僭主政治的形式来实现的。

当然，严格地说，只有当僭主被消除，Democracy 才能成立。可是如果没有僭主在先，也就不会有 Democracy。此外，Democracy 不是 Isonomia，它归根结底是支配的一种形态。打倒僭主的人们明白，多数者支配还有可能产生得到多数派支持的僭主。克利斯提尼改革已经证明了这一点。为了防止僭主再次登场，他们采取了各种预防措施。

首先，在公共职务方面，采取抽签制，以防止行政上的权利垄断。但将军一职却不可能适用抽签。因为如果把军队交给一个愚蠢的将军，那么一切就全完了。可另外，功勋卓著的将军又往往会得到大众的拥戴。针对这一情况，他们同时任命数位司令官，以避免一人独大，同时还对将军的战绩进行严格审查。尽管如此，还是没能避免一些强有力的、有可能成为执政者的军人出现。为此，他们采用了克利斯提尼的办法。即使用陶片进行无记名投票，将那些有可能成为僭主的人物，放逐到国外，为期 10 年（后来改为 5 年）。

这种制度原本是为了防止 Democracy 向僭主政治倒退而设计的，但它最终未能阻止倒退。因为在这个制度下，连续不断地出现了民众煽动家——尽管他们并不是僭主。此外，伯罗奔尼撒战争（公元前 431 年）败北的时候，产生了由复数人所支配的专制政治，即所谓"三十人的僭主"。而未能防止这种情形出现的原因，就在于 Democracy 的根底中存在着僭主政治。因此，Democracy 一旦出现什么危机，僭主政治就会冒头。

民众煽动家和"三十人的僭主"出现于伯罗奔尼撒战争时期，说明 Democracy 已经不再是某一特定国家的问题。在雅典，Democracy 的确立过程，同时也是雅典确立其对其他城邦支配的过程。这一点，很明确地体现在雅典与伊奥尼亚诸城市的关系中。

伊奥尼亚的诸城市曾计划与雅典共同抗击波斯，为此它们向军事强国雅典请求支援。但雅典并没有给予伊奥尼亚以有力支持。于是，伊奥尼亚遭受了决定性的失败。后来，雅典与波斯全面开战并取得胜利，也解放了当时已经处于波斯占领之下的伊奥尼亚诸城市，进而成为抗击波斯的提洛同盟的盟主。这个同盟有近百个加盟都市，名义上虽然叫作"同盟"，但实际上已经成为雅典支配其他城邦、征收"公租"的"帝国"。

其次，在雅典和诸城市之间，诸城市的离反叛乱与雅典的镇压持续不断。最终，聚集在斯巴达旗下的反雅典势力与雅典之间爆发了伯罗奔尼撒战争。公元前 404 年，随着战争的结束，"雅典帝国"时代、雅典政治经济文化的巅峰时代宣告终结。

由此可见，Democracy 在雅典的确立，既是雅典打赢波斯战争、伯里克利成为领袖的时期，同时也是雅典成为"帝国"的时期。伯里克利制定法律，外国出生者不能成为雅典市民。在那之前，曾有不少外国人成为雅典市民，而此后雅典成了一个排他性的共同体，并导致雅典支配其他城邦、收夺寄居外国人等。

这里，我们再对"雅典帝国"稍加说明。阿伦特是这样区别帝国与帝国主义的。① 帝国具有统治多民族的原理，而帝国主义则不同，它往往产生于国民国家或城邦不具有统治多民族原理而只进行自我扩张的时候。比如，拿破仑所追求的欧洲帝国，就是作为国民国家延长的帝国主义，但结果它反而催生了许多国民国家的诞生。

当然，阿伦特是将帝国主义作为近代的资本主义国

---

① 阿伦特是这样区别帝国与帝国主义的："在近代历史上，对征服和世界帝国建设的评价下降，是有理由的。要建立永续性世界帝国，就不能采用国民国家这一政治形态，而是需要像罗马帝国那样，在本质上是建立在法的基础上的政治形态。因为在这里存在着能够肩负整个帝国的政治制度，即对所有人都有效的立法权威，因为这一权威可以在征服之后将极其异质的民族集团实际统合起来。而国民国家不具有这样的原理。因为国民国家从一开始就是以同质的住民和住民对政府的积极同意（勒南所说的每日人民投票）为前提的。只要国民历史性地共同享有领土、民族和国家，便无法建设帝国。当国民国家进行征服的时候，它只能同化异质的住民并强制他们'同意'，而不能统合他们，也不能将自己有关正义和法的标准强加到他们身上。所以，如果要进行征服，随时可能陷入压制的危险中。"（《极权主义的起源》之《第二部·帝国主义》，大岛通义、大島かおり译，みすず書房，第6页）

家问题来进行思考的，但在某种意义上，她的这一考察也适用于伯里克利时代的雅典。因为在那时的雅典，人们强调排他性的地缘一体性。而这种一体性，已经超越了氏族社会以来的血缘性关系，甚至在某种意义上已经可以视为国家（Nation）的形成。

因此，处于这种状态的雅典，即便不断扩大，即便它要统治其他城邦，它也只能是帝国主义。因为它不具有"帝国"的原理。与雅典相反，波斯却无疑是一个"帝国"。它征服了诸国，但除了对被征服国课以一定程度的服从义务和纳贡义务外，并不干涉其内政。此外，波斯还拥有官僚制常备军这一军事制度。可是，尽管雅典打败了波斯，实现了其支配范围的扩张，但却没能成为波斯那样的"帝国"。

在雅典掌握霸权之前，希腊的城邦尽管不断相互进行战争，但正如敬仰宙斯神的奥林匹亚竞技会所显示的那样，它还是作为一个松散联合体而存在的。无论哪一个城邦，基本上都是对等的。在这种状态下，如果某个城邦尝试要成为支配者的话，那就只能是帝国主义，必然要招致其他城邦的反弹。伯罗奔尼撒战争就是这样的结果。

当然，赢得这场战争的斯巴达以及在斯巴达之后掌握霸权的忒拜，都没能实现对整个希腊的统合。斯巴达原本对美塞尼亚进行了奴隶统治，所以时刻警惕美塞尼亚的叛乱，建立了严酷的军国主义体制。而在现实中，随着美塞尼亚的独立，斯巴达国家也就崩溃了。

因此，希腊内部没有产生"帝国"。将希腊世界统合成"帝国"的，是马其顿王亚历山大。人们称之为希腊化。可是，这种帝国原理并非希腊所有，而是来自亚细亚。事实上，亚历山大取代波斯、统治埃及，被尊为法老，受到人们的欢迎。

以这样的观点来看，我们可以知道，雅典与其他城邦以及外国人关系的变化，直接影响到雅典 Democracy 的具体形态。比如，伯里克利挪用各国上交提洛同盟的纳税钱，分发给雅典市民，作为参加议会的补贴。也就是说，雅典的"直接民主主义"依赖于对其他城邦的支配和掠夺。帝国主义式的扩张才是雅典民主政的基础。因此，民主派对其他城邦采取的是一种侵略性行为，而门阀（贵族）派则希望按照习惯与其他城邦维持对等关系。即使是在伯罗奔尼撒战争的进行过程中，他们也一直谋求和平。①

此外，我们还应该留意，Democracy 的确立促进了奴隶制的发展。梭伦改革以来，雅典市民已经免于沦为债务奴隶。但雅典的民主政由于以下原因而与奴隶紧密联系在一起：雅典的军队有两个要素，一是自备武器的市民，一是密集战术。这是民主派相对于贵族派的优势

---

① 主张城邦间"和平"的，是那些被视为贵族的人。正如修昔底德《伯罗奔尼撒战争史》和阿里斯托芬的喜剧《女人的和平》所呈现的那样。

所在。尤其是在波斯战争中，自发担任战舰划桨手的下层市民为战争胜利做出了贡献，增强了他们的政治力量。其结果，就是 Democracy 得以确立。可是，雅典的市民们从事农业劳动，他们既不能参加市民评议会，也不能前往战场。所以，要想做一个雅典市民，就必须要有奴隶。许多市民不仅让奴隶在农场劳动，还把他们租借到银矿而获得租借金。所以，雅典直接民主主义的发展，与奴隶制生产的发展密不可分。

进一步说，雅典作为政治军事中心的地位，使它也成为了地中海地区的贸易中心。同时也取代了米利都等伊奥尼亚城邦。然而，雅典市民并没有从事商业。他们将商业交给外国人，并向他们收税。外国人无论在经济上有怎样的贡献，都无法成为市民，无法得到法律的保护。① 雅典的民主政就是这样，通过对其他城邦、对外国人以及奴隶的掠夺而建立起来的。

2　智者与辩论的支配

在雅典社会，随着 Democracy 的确立，辩论也占据了优势地位。通过语言——非武力（军事）和巫力（宗教）——而实现的支配逐渐得到确立。当然，这还

---

① 伯里克利制定了不准外国出生者成为雅典市民的法律。但他自身却因为儿子在战争中亡命，于是费尽苦心，作为例外，授予他和爱妾阿斯帕西娅（米利都出生）所生儿子以市民权。

仅仅限于城邦内部，武力和巫力也并没有就此消失。但是，无论是市民评议会还是法庭，当公共活动都通过辩论来进行的时候，人们就开始需要辩论技术。于是富裕的市民们便让自己的子弟去学习辩论技术。可是，这里有一个问题从未引起人们的关注，那就是，教授辩论技术的教师为何都是外国人。

一般认为，这一时期的雅典是一个在政治和文化上最为发达的城邦。但既然如此，辩论术的教师为何大多是外国人呢？这种情形意味着，尽管雅典在政治和经济上已经成为强国，但在言论和思想领域却明显滞后。在这方面，雅典人师法于来自伊奥尼亚以及南意大利亚诸城市——由伊奥尼亚移民所建立——的人们。①

柏拉图在《高尔吉亚篇》中指出，辩论术即说服他人的技术，也就是通过辩论实现"支配"的技术。而教授这一技术的，就是智者。然而，将辩论视为单纯的实现支配之技术的，并不是智者，而是雅典市民。他们想要从外国人那里学习的，仅仅是作为"技术"的辩论术，除此以外，他们对什么都不感兴趣。

---

① 从伊奥尼亚来到雅典、在知识活动方面一显身手的不仅是男性。比如，据说伯里克利那些知名讲演的草稿，就出自他那位出生米利都的爱妾阿斯帕西娅之手；甚至苏格拉底也向她学习过雄辩术。虽然这样的女性还是一种特殊的存在，想到雅典女性被完全排除在公众领域之外，我们就应该看到，这些女人的才能不仅仅是个人性的，而是伊奥尼亚拥有的社会环境培育出来的。

辩论是在 Democracy（多数派支配）之下成为支配他人的手段，而在辩论得到发展的伊奥尼亚，它并不是支配他人的"技术"。无论在法庭还是在市民评议会，辩论在商议讨论时不可缺少。但它只是一种共同玩味的手段，同时也是探究自然的一种方法。

如前所述，类似间接证明的辩论，看上去似乎是埃利亚学派的特色，但其实早已存在于米利都学派。在米利都学派那里，辩论不是支配他人的技术，而是为了认识包括人类在内的自然的方法。与此相反，雅典人对认识自然和技术开发毫不关心。在雅典，人们只是重视在公共活动中说服他人并令他们服从的技术，即支配他人的技术——辩论。而埃利亚的论证方法也成为驳倒并戏弄人的技术。

而外国人在雅典所传授的东西，也没有超过"技术"的范围。因为外国人无法作为市民（公职人员）从事活动，参与城邦内部的政治也充满危险。他们没有忘记，伯里克利的友人阿那克萨哥拉因为主张太阳是燃烧的石头，而被以渎神治罪。这一事件是一场针对阿那克萨哥拉的政治阴谋，但对身为外国人的思想家们来说，随时都有可能被冠以同样罪名而受到镇压。就像普罗塔哥拉一样，他们所表达的，充其量也就是怀疑主义和相对主义的意见。

譬如，希庇亚斯曾说过："我认为，在 physis 之下，你们是同胞和好友，也全都是市民。而在 nomos 之下，却不是那样。因为在 physis 之下，相似的东西就是同族。而 nomos 则是人们的暴君，将许多反自然的东西强行加给人们。"奴隶制和帝国主义违反 physis。这就是伊奥尼亚的自然哲学所孕育的自然法思想。无论是普罗塔哥拉还是高尔吉亚，都说过同样的话。但是，很明显，对于雅典帝国主义来说，这些都是危险的思想。所以，那些身为外国人的思想家们也没有积极地四处宣传这些思想。取而代之，他们传授的都是像辩论术那样的实用性知识。结果，这些思想家在雅典既受到器重，同时又被看作是单纯的技术匠而受到轻视。

苏格拉底是因为下面这些理由遭到控告的："苏格拉底所犯罪行是：拒绝承认国家认可的神（gods），并引进新神（divinities）。他的另一罪行是：腐蚀年轻人。要求给予他的惩罚是：死刑。"① 苏格拉底因此被称为诡辩家，但实际上，那些被叫作诡辩家的外国人却避免了同样的命运。他们不去介入雅典的政治和习惯。因此，很难说他们的言行对雅典市民有什么影响。倒是雅典市民很巧妙地利用了他们的言说。

柏拉图在《政治家》中指出，与其说雅典的政治家师事智者，不如说他们自身就是智者。在《高尔吉亚篇》里，他对具有代表性的智者高尔吉亚进行评论，赞

---

① 第欧根尼·拉尔修：《名哲言行录》（上册），马永翔等译，长春：吉林人民出版社 2003 年版，第 107—108 页。

扬他谦虚低调。或许实际上就是这样吧。在这里，如智者一般侃侃而论的，是年轻的雅典人卡里克利斯。

他傲然地大谈"强者的正义"：physis 就是天赋素质，是自然冲动和权利意义；而法律、宗教和道德这样的 nomos 不过是为了实现弱者支配强者的手段。① 这一说法，彻底逆转了智者希庇亚斯有关"physis 与 nomos"之区别的阐述。

卡里克利斯的这种思想，反映出雅典强烈的"帝国主义"倾向。也就是说，在雅典内部，physis 就是以言论掌握权力，就是用武力蹂躏其他城邦；而抑制 physis 的只不过是 nomos。总之，高谈阔论"强者的正义"和"现实政治"的，并不是来自外国的智者。向智者学习辩论术的，都是雅典统治阶层的子弟。所以柏拉图说："声称智者毒害了青年们的人，才是最大的智者"。②

这类青年的代表当属卡里克利斯的近亲阿尔西比亚德斯。他是一个典型的民粹领袖。作为主战派，他的充满帝国主义色彩的言论，获得大众的喝彩。他当上了西西里远征军的将军，却由于在当地毁坏赫耳墨斯神像的渎神行为，而被勒令回国。再加上其他原因，于是阿尔西比亚德斯便逃亡敌国斯巴达。接下来，为推翻雅典做

---

① 柏拉图：《高尔吉亚篇》，见加来彰俊译，《柏拉图全集》（第九卷），岩波书店，第112页。
② 柏拉图：《国家》，见藤泽令夫译，《柏拉图全集》（第十一卷），岩波书店，第438页。

出贡献，重返故国。这是一个很荒唐的人物。

阿尔西比亚德斯是苏格拉底的得意门生。据说这也是苏格拉底遭到控告的原因之一，也就是所谓"导致青年们堕落"的罪状。然而，阿尔西比亚德斯之类青年的出现，并不能怪罪于苏格拉底。同时也不是智者的责任。这两者谁都不曾教授青年们如此行事。阿尔西比亚德斯这类人物，实在是帝国主义化的雅典社会自身"堕落"的产物。

3 苏格拉底审判

我们先来确认一下构成苏格拉底审判前提的下列事实。公元前431年伯罗奔尼撒战争爆发，在战争进行过程中，斯巴达一方曾数次提议举行和谈。但雅典毫不理睬，继续一意孤行。好战的煽动家（克里昂和阿尔西比亚德斯）获得了民众的支持，他们将雅典带向没落。在雅典已经显露失败征兆时，公元前411年，出现了所谓"四百人支配"这一寡头政治体制。即，将一切权力都委托给由四百位上层市民所组成的评议会。但第二年，民主政重返舞台。公元前404年，雅典终于投降。在斯巴达军队的监视下，寡头派政权再度诞生。这一政权被称为"三十人僭主"。他们实行恐怖政治，杀害了许多民主派。但逃亡国外的民主派开始进行反攻，第二年，两派和解，民主政重新复活。由于签订了和解协定，曾经的"三十人僭主"的支持者以及斯巴达的追随者们未被追究和问罪。

公元前403年,在复活的民主政下,苏格拉底遭到控告,告发者是阿尼图斯(Anytus)。在这背后的原因,其实在于雅典以往的政治进程。复活的民主政一派很想批判和谴责"三十人僭主"的领袖克里提阿斯,但囿于和解协定的存在而无法实现。于是,他们转而控告克里提阿斯的老师苏格拉底。尽管苏格拉底曾经坚定拒绝协助"三十人僭主",而忠诚于他的民主派弟子也有许多流亡国外。由此可见,控告苏格拉底完全是一场政治阴谋。关于苏格拉底,第欧根尼·拉尔修这样说过:

> 他意志坚定,忠于民主,这从他拒绝屈从克里底亚及其同僚可以很明显地看出来,当时他们命令他把萨拉米富翁勒翁带到他们面前处死;此外也见之于这一事实:他一个人投票宣告十将军无罪;还有这样的事实:当他有机会从监狱逃跑时,他拒绝那样做,而且当他的朋友为他的命运哭泣时他责备了他们,还在监狱里向他们发表了他那最令人难忘的谈话。①

但是,苏格拉底还不算是民主派。"他独自一人投

---

① 第欧根尼·拉尔修:《名哲言行录》(上册),马永翔等译,长春:吉林人民出版社2003年版,第99—100页。

无罪票"时,还是民主派执掌政权。当然,他也不是贵族派。因为他拒绝了贵族派"克里提阿斯派"的命令。最终,控告苏格拉底并判他有罪的,正是民主派。苏格拉底的言行,无论对民主派还是对贵族派来说,都是一个谜。而最大的谜还是,明明知道这是一场政治陷害,但苏格拉底却没想逃脱审判,也没想逃脱死刑执行。

这首先对同时代人是一个谜。除了柏拉图和色诺芬,还有很多人写作"苏格拉底文学",其原因也在这里。这些人一致认为,苏格拉底蒙受了冤罪。实际上,后来这一真相也昭白于天下,告发者也被处刑,但谜团并未因此而解开。苏格拉底是何种人物呢?他身为哲学家,却一本著作也没有留下,他是一个坚强不屈、在伯罗奔尼撒战争中三上战场的男人,但同时又是一个和平派。苏格拉底这一非凡人物的谜团,在他死后愈加浓重。

当初,为苏格拉底辩护的人,曾将他与智者相区别。因为有人批判过作为智者的苏格拉底。比如有人为他辩护,说苏格拉底没有从传授辩论术的活动中获得金钱收入,所以他不算是智者。如果将智者定义为以传授辩论术获得金钱收入者,那么苏格拉底的确不算是智者。可事实上,尽管苏格拉斯传授辩论术又不取金钱,但他还是被人们当作具有代表性的智者。阿里斯托芬的《云》描写的"苏格拉底",时年仅45岁,但已经成为当时的喜剧作品中的讽刺对象,可见作为智者,那时的苏格拉底已经很有名了。

在这部喜剧中，所谓智者，首先，是指传授"让贫弱的论辩变得强大有力"的技术的人。作品《云》的主人公便怀着这一目的进入苏格拉底门下。他要学习可以赖账不用还债的辩论方法。苏格拉底让主人公学习了很多似乎是毫无用处的东西，但不取学费。所以，不取金钱并不能成为判断苏格拉底不是智者的根据。其次，是指否定众神、破坏既定道德、令青年堕落的人。在剧中，"苏格拉底"热衷于伊奥尼亚的自然哲学，尤其是阿那克西米尼空气即始源物质的理论；宣称雨、雷鸣、闪电这些现象，并非如以往所说的是宙斯神在作祟，而是云的作用所致。因此，云才是新时代的神，是不需劳动、单靠自己的智慧生活的人们——智者们——的守护神。当然，这是阿里斯托芬式的讽刺。

苏格拉底被人告发的理由，与作品里所描写的世间对他的看法是一样的。概括来说，就是以下三点。第一，否定城邦所认可的众神。第二，引进新神（灵机）。第三，毒害败坏青年。这些嫌疑也不是全无根据。比如，色诺芬为苏格拉底辩护，说他忠诚于雅典的传统礼仪。但这并不等于他不是智者。被称为智者的那些外国人，都注意回避可能被联系到上面这三点的事情。但身为雅典市民的苏格拉底却没有回避这些。如果把做出这些行为的人当作智者的话，苏格拉底就是当之无愧的智者。因此他才会出现于戏剧作品中。此外，有关苏格拉底引入新神的嫌疑,也不是完全没有根据的。因为,——后面将会讲到,他曾经公然宣称,自己是按照灵机的旨意行动。

但是,人们对苏格拉底的印象——对雅典社会规范最具有威胁性的存在,并非来自起诉中的那些理由。根本的原因是,他否定了作为公职人员在雅典生存的价值。据苏格拉底自己说,灵机反对他"从事国事"。"正义的真正斗士,如果想要活下来,哪怕是很短暂的时间,也一定要把自己限制在私人生活中,远离政治。"①

灵机的这种指引,呈现了前所未闻的异样。在雅典城邦,所谓的市民都是指作为公职人员参与国事的人。作为公职人员行动,是万事之前提。私人是非政治的。所以,不能成为公职人员者,即如外国人、女人、奴隶,属于非城邦的—非政治的存在。在雅典,所谓的"德",就是政治能力,就是在公共场合巧妙操纵语言的技术。因此,富裕的市民都会让自己的子弟跟随智者学习辩论术。可是,苏格拉底并不关心这些事情。"我不关心大多数人关心的事,挣钱、有一个舒适的家、担任文武高官以及参与其他各种活动。政治活动、秘密结

---

① 柏拉图:《申辩篇》,田中美知太郎译,见《柏拉图全集》(第一卷),岩波书店,第88—89页。

社、成立政党,这些事情在我们的城邦里每天都在进行着。"①

但这并不是不关心"公共事务"或者有关正义的事务。另外,苏格拉底保持私人的身份,也不是因为作为公职人员活动的话便无法"保全身家"。正如他在战场上的活跃以及最后的自我了断已经证明了,他并不畏惧死亡。还有,灵机的指引禁止他做一些事情,却没有说明其理由。灵机没有禁止他为正义而战,但禁止他以公职人员的身份去战斗。这种禁止意味着,作为公职人员,是无法做到真正为正义而战的。在遵从这一禁令时,苏格拉底便已经否定了在雅典被普遍承认的价值——作为公职人员建功立业,成为政治领袖。同时也拉低了公职人员所需要的"德"的价值。

与智者有偿传授辩论术不同,苏格拉底的传授是不取金钱的。这并非因为他是什么富裕的雅典市民,也不是因为他把用知识换取金钱看作"卖春"而加以蔑视。而是由于他所教授的,原本并不是那种市民不可或缺的知识,所以没有资格收取金钱。而外国人教授的辩论术是市民评议会和法庭活动所必需的技术(使用价值),故而获取等价报酬属于正当交换。

苏格拉底不认为在市民评议会和法庭施展本领取得

---

① 柏拉图:《申辩篇》,王晓朝译,见《柏拉图全集》(第一卷),北京:人民出版社2002年版。

权力有什么价值。他所教授的，也不是作为公职人员活动时所需要的技术，反倒是让人放弃那一条路径的思想。所谓"让青年堕落"指的也恰恰是这一点。而智者们却从未去颠覆雅典市民的常识——取得公权力即是价值。所以，无论雅典市民对苏格拉底是心怀敬意还是抱有反感，他们不能理解的，还是苏格拉底一系列言行之后的动机。

4　苏格拉底的谜

苏格拉底之谜在于他的那种放弃成为公职人员而以私人身份去"为正义而战"的态度。这是一个悖论，因为私人是非政治的。苏格拉底就活在这种悖论中。这使得他的活法和死法都充满了谜团。这一点也体现在其弟子们各自抱有的苏格拉底形象上。

一个是柏拉图和亚里士多德，或许还可以加上色诺芬。他们继承了苏格拉底为城邦奉献的精神。另一个则是苏格拉底的老资格学生、犬儒学派创始人安提西尼及其弟子第欧根尼，他们更多承袭了苏格拉底以私人立场行动和战斗的态度。前者被称为大苏格拉底派，后者则是小苏格拉底派。一般来说，柏拉图在自己大部分著作中都记述描写了"苏格拉底"，所以柏拉图的影响力很大。可以说，一般所讲的苏格拉底，就是柏拉图所写的苏格拉底。但实际上，小苏格拉底派一方更接近于真实。

苏格拉底开启了公职人员与私人的价值颠覆。他首先确立了私人优越于公/政治的价值观，而他的那群被叫作犬儒学派的弟子们，最终完成了这一价值颠倒。第欧根尼这样的外国人，本不需要特意放弃作为公职人员生活这条道路。无法成为公职人员的人，原本就是"犬"一样的存在。但第欧根尼不甘心只像"犬"一样。据他的《希腊哲学家列传》说，对于把自己当作犬的人，第欧根尼便像犬撒尿一样，往他身上遍撒小便。他还乞讨，栖息在路旁的一只桶中。

以这种彻底的"私的—犬的"立场，痛快淋漓地否定城邦的公的价值——犬儒学派的这一思想与向往城邦的柏拉图学派相抗衡。在城邦的独立逐渐丧失的时期，这一态度也启示人们应该如何活着。据说，第欧根尼被问到是哪里的市民时，他都回答说"我是世界市民（世界城邦的市民）"。

在希腊所有城邦都开始臣属于亚历山大帝国时期，犬儒学派博得很高的人气。据说，有一次，亚历山大大帝站在第欧根尼面前，对他说告诉我你想要什么时，第欧根尼说，拜托不要站在我前面挡住阳光。但是，犬儒学派的抵抗仅限于城邦繁荣时代荣光尚存的时期。当城邦在帝国支配下愈加脆弱时，无论柏拉图学派还是犬儒学派，都逐渐凋零。后来出现了伊壁鸠鲁和斯多葛学派的芝诺，他们虽然继承了犬儒学派，但已经没有了这一学派的强烈挑战精神，在希腊城邦沦为帝国的行政单位之后的社会里，他们创造出一种追求"无感动"生存形态的个人主义哲学。

而在另一方面，柏拉图和色诺芬则是理所当然地以公职人员身份进行活动的雅典市民。他们接受了苏格拉底的教诲，却把它应用于政治家在城邦进行活动。苏格拉底死后，柏拉图以自己的方式，努力实行苏格拉底思想中的一个特定方面，即无论如何也要以某种方式参与城邦事务。柏拉图认为观念论和哲学王思想起源于"苏格拉底"。他创造了一个虚构的苏格拉底。但这又不完全是曲解。因为虽然苏格拉底绝不会去做"公职人员"，但也没有让自己完全局限于单纯的"私人"。虽然他在城邦中一直都是私人身份，却一直坚持"真正为正义而战"。柏拉图借鉴苏格拉底的思想，思考了真正的国制问题。

不过，苏格拉底的立场与第欧根尼以及柏拉图都有不同。归根结底，苏格拉底说的是，保持私人身份的前提下，参与公共事务。换一个角度说，那就是，在保持自己作为城邦一员之立场的同时，去做一个世界公民。在这一点上，与犬儒学派相比，苏格拉底的思想倾向城邦的立场；而与柏拉图相比，则具有国际城市的色彩。

要理解苏格拉底所做的价值颠覆，有一个值得参考的例子，那就是康德《何为启蒙》一书中的一段话。他说，站在国家的立场思考和行动即属于私的领域，而普遍的（世界市民）立场，才是公的领域。康德的话意味着，要真正实现公众目的，必须具有超越国家的私人立场。虽说如此，也不等于就有某种超越国家（城邦）的世界国家存在。康德想要对人们说的是，希望每一个个人，在身处国家之中的同时，站在世界市民的立场去判断和行动。总之，康德那里的公私价值颠倒，既不同于柏拉图，也不同于第欧根尼，而是苏格拉底类型。

另一个值得参考的例子是初期马克思的《黑格尔法哲学批判》。黑格尔将政治国家置于市民社会之上，他认为市民社会是一个"欲望的体系"，而政治国家则处于超越市民社会的理性层面。黑格尔的意思是，人们在市民社会便是私人，在国家就是公民，而这也是本来应有的形态。而马克思则颠覆了黑格尔的说法。他认为，如果将做一个私人作为本来应有的形态的话，便不再需要去做公职人员。按照马克思的说法，如果人们在市民社会是"类的存在"的话，便不再需要市民社会之上的政治国家。换言之，在市民社会中，如果阶级对立消解了，那么政治国家也将被扬弃。①

---

① "只有当现实的个人把抽象的公民复归于自身，并且作为个人，在自己的经验生活、自己的个体劳动、自己的个体关系中间，成为类存在物的时候，只有当人认识到自身'固有的力量'是社会力量，并把这种力量组织起来因而不再把社会力量以政治力量的形式同自身分离的时候，只有到了那个时候，人的解放才能完成。"[《关于犹太人问题Ⅰ》，见《马克思恩格斯全集》（第三卷），北京：人民出版社2002年版，第190页]

我们结合雅典的情况来思考一下这一问题。雅典有过"直接民主主义"，但它并没有超越政治国家与市民社会的分裂。雅典的市民社会存在深刻的阶级对立，大多数市民都属于贫困阶层。而所谓的民主政，也不过是多数派掌握国家权力，向贵族和富人征税，进行财富再分配。对此，贵族和富人当然进行抵抗。这种对立一直得不到消解。这是因为，市民社会的经济不平等，以及产生这种不平等的社会条件并没有得到根本改变，所谓的财富再分配也无法解决社会对立。而当国家采取帝国主义政策，即通过侵略外国寻求财富来源的时候，表面上看起来，这种阶级对立会得到消解。这时候，鼓动侵略并获得民众支持的，就是那些煽动家。

在雅典，作为公职人员拼命活动，就是为了获得大众支持，最终掌握权力。所谓的直接民主主义，终究还是领袖为人们代言。在这个过程中，煽动家便不断出现。面对这一情况，苏格拉底没有以公职人员的身份开展活动。那么，他是打算如何改变雅典社会的呢？苏格拉底从未积极地进行过任何提案。但对当时大家习以为常的公私划分及其价值判断，他不断地发出疑问的声音。

比如，他将国事与家政，即公共（政治性）事务与私人（经济性）事务置于同一层面。据色诺芬记载，苏格拉底说过这样的话：

不要轻视善于管理家务的人，尼各马希代斯，因为管理个人的事情和管理公众的事情只是在大小方面有差别，在其他方面彼此是很相类似的；最重要的是两者都不是不用人就管得好的，而且也并不是个人的事用一种人经管，公众的事用另一种人经管；管理公众企业的人所用的人和管理私人企业所用的并不是另一种人而是同样性情的人，凡是知道怎样用人的人，无论是私人企业还是公共企业都能管理好，而那些不知道怎样用人的人在两方面都要失败。①

苏格拉底还说："如果连一家都不能帮助，怎能帮助很多的人家呢？"② 对于作为私人的"德"和作为公职人员的"德"，他也并不加以区分。不仅如此，他也不去区别自由民和奴隶。比如，有一位叫埃提洛斯的自由民，家里人口多，生活很穷困。苏格拉底就曾对他说，你不可以和奴隶一样的去劳动吗？面对回答不想和奴隶一样做事的埃提洛斯，苏格拉底说道："但事实上，位于国家的上层，管理国家的工作的那些人，并没有因为工作而被人们认为比你更像奴隶，人们反而觉得工作

---

① 色诺芬：《回忆苏格拉底》，北京：商务印书馆1984年版，第96页。
② 同上书，第109页。

令他们更加自由。"①

就这样，苏格拉底否定公职人员与私人的区别，否定与这种区别结合在一起的身份价值判断。一般认为，苏格拉底最早关注并探讨了伦理问题。苏格拉底的思考和探讨，使得"德"的问题超越了公共领域和私人领域的区别，也呈示出在公职人员与私人之间没有的龟裂的市民社会。这不仅仅是一个梦。伊奥尼亚就出现了这样的社会。其原理被称为 Isonomia。而在雅典的 Democracy 那里，只有公共事务以及与此相关的"行动"才受到尊重，而家政或商业工业这样的"劳动"却为人所轻侮。②

5 灵机

告发和拥护苏格拉底的人们，都不了解他究竟在思考什么。因为，苏格拉底本人也不甚清楚。他说，自己只是听从"灵机的召唤"而行动。据悉，除了灵机的声音之外，还有来自神谕、梦等的指引。而且，平日他

---

① 色诺芬：《回忆苏格拉底》，佐佐木理译，岩波文库，第116页。
② 汉娜·阿伦特指出，在人类的行为中，作为公职人员的活动（action）高于劳动（labor）。她还以雅典社会为范例进行了说明。以她的观点来看的话，苏格拉底是应该被否定的。尽管她把 Democracy 与 Isonomia 相区别，并对其进行了批判，但最终还是支持了雅典式的 Democracy。

也没有隐瞒这一点,甚至在法庭上公然陈述道:

> 有人可能会感到奇怪,为什么我到处提供这样的建议,忙于民众私事,而从来不在公共场合就国家大事向你们提出建议。其原因就是你们以前曾经多次听我说过,我服从神或超自然的灵性,亦即美勒托在他的讼词中讥笑过的那位神灵。我与之相遇始于童年,我听到有某种声音,它总是禁止我去做我本来要去做的事情,但从来不命令我去做什么事情。阻止我参与公共生活的也是它。①

柏拉图所著《申辩篇》不像其他作品,可以视其为记录了苏格拉底的实际言论。因为,这法庭上有众多的市民参与,柏拉图不可能随意地创作。特别是上述发言,乃是苏格拉底自己承认引进了新的神这一罪状,我们可以视其为真实地记录了发言的内容。

阿里斯托芬的《云》里所描写的"苏格拉底",曾对声称为宙斯的主人公嘲笑道:"有着克洛诺斯时代的味道和原始时代的感觉。"那么,如诉状所言,苏格拉底说灵机的时候,他真的引进了新的神以代替奥林匹斯山上的诸神吗?实际上,灵机比宙斯等奥林匹斯的拟人

---

① 柏拉图:《申辩篇》,王晓朝译,见《柏拉图全集》(第一卷),北京:人民出版社2002年版,第20页。

第五章 雅典帝国与苏格拉底

化诸神还要古老,的确属于"原始时代的感觉"。或者,不如说雅典的平民更熟悉这个灵机。此外,苏格拉底接受了神谕,而这神谕也为希腊人一般所接受。因此,从这一点来讲,不能说苏格拉底是新奇的。

苏格拉底的证词,表明他是具有感知到灵机那样的超自然存在的能力的。不过,这种人物并不稀奇。苏格拉底的特异是因为那灵机之召唤的内容特别。如前所述,其中最重要的是禁止主人公活动的那个指令。那么,灵机到底是什么?例如,黑格尔说"我们既不能把它想象成保护神、天使之类的东西,也不能把它想象成良知"。

> 每一个人自己在这里都有一个这样的独特的精神,换句话说,这样的精神在每个人自己看来乃是他的精神。因此我们联系这一点,便看到了大家熟知的那个称为苏格拉底的灵机的东西。……
> 主体的内在的东西进行认识,由自己做出决定;这个内在的东西,在苏格拉底那里,还具有一种独特的形式。灵机虽是不自觉的、外在的、做决定的东西,然而仍是一个主观的东西。灵机并不是苏格拉底本人,并不是他的意见、信念,而是一个不自觉的东西;苏格拉底为灵机所驱使。神谕同时也不是什么外在的东西,而是他的神谕。神谕具有一种认识的形式,这种认识同时与一种不自觉的状

态结合在一起,常常能够作为一种磁性状态在别的情况之下出现。在垂死弥留的时候,在大病的状态中,在不省人事的状态中,可以出现一种情形,人会知道一些情况,知道将来或者当时的事情,这些事情从常理说他是绝对无法知道的。这些事实人们常常以粗暴的方式断然加以否认。在苏格拉底那里,那与认识、判断、决定有关的东西,那出于意识和清醒状态以外的东西,是以这种方式,以不自觉的形式出现的①。

黑格尔强调,在苏格拉底那里,"那出于意识和清醒状态以外的东西,是以这种方式,以不自觉的形式出现的"。换言之,苏格拉底只能通过灵机的召唤这样的形式而意识到自己本身的判断。但是,这并不意味着苏格拉底认识不足,也并非他的资质有问题。重要的是,降临到苏格拉底身上的思考,绝非能够"清醒和自觉地"把握到的东西。

灵机的召唤,否定苏格拉底作为公职人员去活动,但这不意味着躲避城邦和政治,而是要他以私人的方式去活动。这个召唤内含着这样的指令:不要对城邦做出公共和私人的区别。如前所述,没有公共和私人

---

① 黑格尔:《哲学史讲义》(上卷),长谷用宏译,河出书房新社,第410—411页。

区别的社会曾存在于伊奥尼亚。这就是 Isonomia。不过，它并非只是在伊奥尼亚没落后失去的，而是被忘却的。而在伊奥尼亚派自然哲学的源流中隐微地流传下来。

苏格拉底也不知道这种情况。据说青年时代，他曾热心钻研伊奥尼亚派的自然哲学，不久便开始思考起该派中所没有的道德和灵魂的问题。但是，在苏格拉底脱离狭义的自然哲学之际，他反而得以真正继承了存在于伊奥尼亚自然哲学之根底里的东西。当然，这种继承不是"清醒和自觉地"，而是通过灵机的召唤。那么，这种召唤是怎样降临的呢？苏格拉底并不知道。他只是遵从此召唤而做出了选择。

我认为，作为灵机的召唤而降临于苏格拉底的，乃是"被压抑物的回归"（弗洛伊德）。那么，"被压抑物"是什么？当然是曾存在于伊奥尼亚的 Isonomia，或者交换样式 D。因此，它不可能是"清醒和自觉地"意识到的东西。对于苏格拉底来说，此乃强迫性的东西。正是在这样的人物那里，有存在于伊奥尼亚哲学根底里的东西的"回归"。

6　苏格拉底的问答方法

在雅典社会中一直持续着贵族派和民主派的斗争。而这种斗争采取了更为残酷的形式，是在伯罗奔尼斯战争期间。那时，苏格拉底不属于任何一方的阵营。两派拥有以下共同的价值观。即，劳动是努力的工作，对于市民来说，原本应作为公职人员而活动，拥有政治上的权力。这里的"德"意味着公职人员的能力。可是，苏格拉底对这个前提本身提出了异议。

该如何是好呢？如果要从制度上对社会整体进行改革，就应该采取到市民议会去鼓动人们的方法，即作为公职人员亲自参与活动。然而，这种方法受到了灵机的禁止。实际上，这种方式未能改变雅典社会的"前提"。

苏格拉底采取的方法是，到广场去与一般市民对话，参与到问答中去。"在我看来，神把我指派给这座城市，就是让我起一只虻子的作用，我整天飞来飞去，到处叮人、唤醒、劝导、指责你们中的每一个人。"①

值得注意的是，第一，他没有去市民议会，而是去了广场。广场中是那些不可能成为公职人员的人们，即外国人、女性、奴隶等。如果说市民议会中有的是民主，那么广场则有 Isonomia 存在。就是说，在雅典 Isonomia 只存在于广场中。因此，通过只在广场活动，苏格拉底不知不觉中恢复了伊奥尼亚式的思想。

第二，苏格拉底采取了谁也没有做过的方法。这便

---

① 柏拉图：《申辩篇》，王晓朝译，见《柏拉图全集》（第一卷），北京：人民出版社 2002 年版，第 19 页。

是与每个人之间的一问一答。当苏格拉底问答的时候,一定是人山人海的。然而,他绝不向听众全员讲话。为什么呢?因为在这种问答过程中,苏格拉底只是提问而不做任何积极主动的回答。因此,不管对象怎样的众多,他最终还是做一对一的问答。

苏格拉底的方式是众所周知的。他对别人的主张意见并不提出反对的说法。对于对方提出的命题 proposition 做出肯定之后,再由此引出相反的命题,如此而已。这是苏格拉底问答的特征。他将这种问答法与母亲的工作联系在一起,称其为接生术。因为,这并非要教导人们,而是帮助人们抵达真理。

不过,这种问答法也并非创始于苏格拉底,而是蹈袭了埃利亚学派的论法。当时的巴门尼德和芝诺要解决的问题,是如何否定毕达哥拉斯的二重世界(超感性的真理世界和感性的假象世界)。他们试图通过间接证明,指出如果站在这样的前提上将会陷入矛盾。苏格拉底在雅典所做的是同样的事情。只是,他通过间接证明而要否定的是雅典社会中不言自明的将公职人员与私人分开的"二重世界"之思考。

苏格拉底所要揭示的是,超越公职人员与私人、自由民与奴隶界限而存在着的"德"。这种"德"并非来自外部被教导的知识和技术。它只能来自公职人员或私人的每个人对"自己"的觉悟。因此,只能向每个人去传达。苏格拉底没有做任何积极的教导。不过,放任自流也无法自然地产生自觉。只有戳穿那些妨碍自觉的虚伪前提，才能真正获得自觉。从这个意义上讲，教导是不可或缺的。苏格拉底的"接生术"，实际上就蕴含着这样的悖论。

苏格拉底的问答与通常所谓的"对话"性质不同。这全然不是那种与意见不同者彼此谈话、相互劝说似的东西。因为，只有苏格拉底的提问。苏格拉底的问答法，我们是通过柏拉图的著作才知道的，但实际上并非柏拉图的"对话"所说的那样。在柏拉图那里，问答是沿着一定的终结（目的）行进的。这种对话，实际上是一种自我对话，即内省，而非与他者的对话。因为，与他者的对话不可能如此顺当地完成。例如，第欧根尼·拉尔修有关问答法这样写道：

> 因为他在辩论中非常激烈，人们经常对他拳打脚踢甚至扯脱他的头发；在很大程度上他总是被人鄙视嘲弄，然而他耐心承受所有这些虐待。并且其程度是如此之深，以致当他被踢，而一个人对他平静地承受感到惊讶时，苏格拉底回答说，"难道我应当遵守驴子的法律吗，假如他踢了我的话？"[①]

[①] 第欧根尼·拉尔修：《名哲言行录》（上册），马永翔等译，长春：吉林人民出版社2003年版，第98页。

苏格拉底的问答法要揭露对手的虚伪前提使之陷入自相矛盾之中,但之后怎样则难以预测。对手是否能够"自觉"不得而知。而且,这种"自觉"能否持续下去也不知道。因此,问答法始终面临着危险性。而命运伴随着危险,并不限于作为公职人员而活动的时刻。

如果可以称此为苏格拉底的"对话",其特征就在于与对话者关系的非对称性。与此类似的,是弗洛伊德创始的精神分析中医生和患者的关系。即所谓的"对话"疗法,但与通常的对话不同。它接近于引导患者"自觉"的接生术。回顾起来可以想象,苏格拉底的问答法也可能给对方引起过度的转移和抵抗。结果,是他遭到了死刑判决。①

但是我们不能认为,苏格拉底视"德"为"自我"的问题来看是将"灵魂"的维度或者自我拯救的问题带了进来。他所思考的,归根结底是城邦的问题,即政治问题。它要废弃公职人员和私人的二重世界结构。然而,他认为如果没有每个人的自觉这一契机的话,这是不可能实现的。这时,他欲叩问的是既非公职人员又非私人的"自我"。

苏格拉底没有写出自己的著作。这意味着他的思想

---

① 在精神分析运动的初期阶段,弗洛伊德看到心理医生和患者之间因产生爱情而导致治疗失败的例子,便意识到治疗是一种商业行为,因而开始向患者收费。由此可见,和那些智者不同,苏格拉底所以"使得青年堕落",就是因为他授业没有收取费用。

存在于与他者每个个人的问答之中。而柏拉图是学院的教师。他以对话的形式撰写著作，然而那是"自我对话"而非与他者的对话，是以逻各斯之自我对话的形式讲述的学说。在此，有黑格尔式辩证法的原型存在。

在柏拉图那里，存在于苏格拉底问答法中的否定性、危险性、偶然性等要素都完全消灭了。不用说，柏拉图也不是没有遇到危险。他认为，既然把哲学家变成王者很困难，那么把王者变成哲学家可以吧。于是，他试图把西西里岛的王者弄成哲学家，结果失败了，还差点儿被当成奴隶卖了。在此，柏拉图的确尝试了与他者的对话，但这他者是王，而非民众。

毋宁说，继承了苏格拉底方法的是小苏格拉底学派。据说，第欧根尼不断听到小心别被那家伙咬着的劝告，回答说"别担心，狗不会咬小毛孩子的"。他以这样的方法进行问答，当被惹恼的对手对其拳打脚踢时，也顽强忍耐着，这应该是从高呼"如果驴子踢我，我会向驴子起诉吗"而佯装不知的苏格拉底那里学来的。从某种意义上讲，第欧根尼比柏拉图更好地继承了苏格拉底的问答法。

与柏拉图不同，第欧根尼实际上被当作奴隶卖掉了。据说，当被问到你做奴隶能干什么工作时，他答曰"统治人们"。另外，大白天他打着灯笼在广场大喊"有人吗"？这些行动，也是一种问答法。第欧根尼需要问答的对手。别人不理或遭到轻视也没有关系。例如,他曾在人前手淫,那是为了告诉人们自然的东西无须隐藏。

7　柏拉图与毕达哥拉斯

柏拉图在最早的作品中,记述了苏格拉底于法庭上就死一事所宣示的下列看法。"死亡无非就是两种情况之一。它或者是一种湮灭,毫无知觉,或者如有人所说,死亡是一种真正的转变,灵魂从一处移居到另一处。"① 他强调,无论哪种情况都是一件好事。苏格拉底讲这番话时,既没有肯定也没有否定灵魂的不灭。他只是要说,还有一些事情比死来得更加重要。② 最后他说:"我们离开这儿的时候到了,我去死,你们去活,但是无人知道谁的前程更幸福,只有神才知道。"③

如前所述,我们可以认为柏拉图在《申辩篇》中所记述的基本上是符合事实的。就是说,苏格拉底有关死的思考,一如上述。但是,在接下来的《克力同篇》乃至《斐多篇》中,柏拉图则开始借苏格拉底的名义

---

① 柏拉图:《申辩篇》,王晓朝译,见《柏拉图全集》(第一卷),北京:人民出版社2002年版,第30页。
② 苏格拉底的话,令人想起孔子下面这些话:"不知生,焉知死""子不语怪力乱神"(《论语》)。孔子并非否定死后世界和神灵的存在,他只是在说还有比这些更重要的事情。
③ 柏拉图:《申辩篇》,王晓朝译,见《柏拉图全集》(第一卷),北京:人民出版社2002年版,第32页。

阐述自己的观点。例如,《斐多篇》记述饮毒之前的"苏格拉底"说"哲学(爱智)即死的排演"。即,哲学的关注点在于如何完成灵魂从肉体获得解放和分离。然而,这与《申辩篇》中苏格拉底的思考完全不同。这种思考显然是毕达哥拉斯学派的观点。

进而,柏拉图在《斐多篇》中表达了这样的想法,除了不死的灵魂以外,美、善以及大等,都是作为自身而存在着。感觉性的事物在不断地变动,而共通的不变之物乃作为意识而存在。感觉性的事物与其意识(理念)处于"分有"的状态。亚里士多德指出,这种思考来自毕达哥拉斯。"毕达哥拉斯学派说中提到,事物的存在,'效'源于'数',柏拉图更改这些名字并另起了名字,他说道,事物的存在,'参'来源于'意式'。"①

柏拉图的意识论,当然与毕达哥拉斯学派不同。亚里士多德说:"他(译者按:指柏拉图)说在可以感觉的事物和通式之外,还有数理对象这种事物,这种事物是中间性的,它们不同于可感觉的事物,它们是长存不变的,它们也不像是通式,每一个通式都是独立的,不一样的,它们常常有很多相似的地方。"②

在毕达哥拉斯那里,他是基于数学而进行思考的,

---

① 亚里士多德:《形而上学》,黄颖译,北京:北京时事出版社2014年版,第19页。
② 同上。

因此感觉性的东西与超感觉性的东西密不可分地结合在一起。可是，在柏拉图这里，意识（理念）脱离感觉性的东西而存在着。当思考意识性的东西与感觉性的东西之结合与分离时，毕达哥拉斯的想法——认为两者一开始就结合在一起——并不能为柏拉图提供参考。柏拉图在"苏格拉底之死"这一事件中，找到了观察两者分离与结合的钥匙。他认为，在此有被感觉性的东西所束缚的意识性的东西之解放。这样，"苏格拉底之死"对于柏拉图的"哲学"体系也就成了不可或缺的轴心。①

柏拉图在后来的作品中，也曾经让"苏格拉底"登场。这个"苏格拉底"无疑是一个虚构，但由此总会产生唤起"苏格拉底之死"这一事件的效果。一言以蔽之，柏拉图要借"苏格拉底"之名让自己的斗争正当化。那么这又是何种斗争呢？就是同反对意识论者的斗争，具体而言，就是对伊奥尼亚学派思想的斗争。到了后期，他已经不再隐瞒这种意图。例如，在《智者篇》中，他将物体主义者（伊奥尼亚派）与理念主义者之间的斗争比拟为巨人族与众神的斗争。

---

① 与柏拉图将"苏格拉底之死"作为形而上学的核心相类似，保罗则在"耶稣之死"那里找到了神与人相结合的契机。就像柏拉图通过苏格拉底之死创造了"神学"一样，保罗则利用"耶稣之死"创造了基督教"神学"。

对,于是他们的反对者便小心翼翼地从不可见的某个高处捍卫自己的观点,全力坚持真正的实在是由某些理智、无形体的相组成。在论战中,他们把对手挥舞的形体打得粉碎,那些被他们的对手称为真正实在的东西,他们不称之为真正的存在,而称之为变易的运动过程。两大阵营就这个问题一直争论不休。①

进而在最后的著作中,柏拉图宣誓要与伊奥尼亚式的无神论/唯物论斗争到底。可是如前所述,伊奥尼亚的自然哲学家们并非无神论者。因为,他们认为存在着一个神/自然。他们所否定的不过是拟人化的诸神而已。他们在原始中发现了物质。"诸神"是通过对这样的物质运动进行事后观察并于此设定其目的而被发现的。因此,对拟人化的诸神之否定便是对目的论式的世界观的否定。

由此可见,柏拉图要做什么是十分清楚的。他当然不是要恢复拟人化的诸神,而是要确保以目的论的方式来观察世界。所以,他无论如何也要否定主张物质自身运动的伊奥尼亚学派的观点。柏拉图认为,有导致物质运动的东西存在,这就是"神"。世界并非运动着的物

---

① 柏拉图:《智者篇》,王晓朝译,见《柏拉图全集》(第三卷),北京:人民出版社2002年版,第46页。

质之生成，而是宇宙工作者的神之制作。柏拉图批判普鲁塔克的"人是万物的尺度"，强调神才是尺度。其实，普鲁塔克的态度并不是什么人类中心主义。正是在设定了作为世界制作者的神的柏拉图那里，才有人类中心主义存在。

8 哲学王

在柏拉图《美诺篇》中，"苏格拉底"说认识是一种回忆。这无疑是基于毕达哥拉斯的轮回转世观念。而更重要的是《理想国》所提示的哲学王的观念，也来自毕达哥拉斯。在柏拉图《理想国》中，"苏格拉底"这样说道：

> 只有在某种机遇下，那些被人们称为无用的极少数尚未腐败的哲学家被推上统治地位，出来掌管城邦，无论他们是否自愿，并使公民服从他们的时候，或者说，只有在神的激励下，那些当权者的儿子，或那些君主本身对哲学产生真正的热爱时，城邦、国家或个人才能达到完善。①

这种思考不可能是苏格拉底的。因为，他原本就拒

---

① 柏拉图：《国家篇》，王晓朝译，见《柏拉图全集》（第二卷），北京：人民出版社2002年版，第483页。

绝参与国事。哲学王这一观念属于柏拉图自己,这从《第七封书简》中他对同样的事情之叙述也可以得到证实。"因此我被迫宣布,只有正确的哲学才能为我们分辨什么东西对社会和个人是正义的。除非真正的哲学家获得政治权力,或者处于某种神迹,政治家成了真正的哲学家,否则人类就不会有好日子过。"①

柏拉图所接受的毕达哥拉斯学派的影响,不仅仅在于数学和灵魂轮回的观念。在其根底里还有更重要的政治问题。为了深入观察,我们需要回顾一下柏拉图所走过的道路。

在这封书简中,他详细记述了下面这样的经验。②"我年轻的时候有过和许多青年大体相同的经验。我希望一旦成年便可以立即参加政治活动,当时的政治情况正好发生变化,给了我这样的机会。"这是指贵族派主导的"三十人僭主"的专制政治。其中包含着柏拉图的亲人和朋友。他们试图将苏格拉底也拉进来,但遭到了拒绝。柏拉图也没有参与这一体制。不久,该体制就崩溃了,而柏拉图说,在此之后"我有了从事国事的欲望"。

柏拉图接触过晚年的苏格拉底,但没有想像苏格拉底那样活着。归根结底他还是热切地希望"参与国家的

---

① 柏拉图:《书信篇》,王晓朝译,见《柏拉图全集》(第四卷),北京:人民出版社2002年版,第80页。
② 同上书,第79页。

第五章 雅典帝国与苏格拉底

公事"。然而，发生了民主派起诉苏格拉底的事件，结果，柏拉图不得不放弃当一名政治家的选择。而且，他还不得不离开雅典。因为，人们预测到，即便苏格拉底死了，民主派也会向柏拉图那样的贵族阶层实行报复。

苏格拉底事件（公元前399年）之后，柏拉图有十余年间流浪各地。其间，他放弃了当政治家的理想，决心做一个"哲学家"。"因为，对于任何国家来说，因袭的现状都是难以治愈的，如果没有令人惊讶的政策或者好运的话。与此同时，我认为不论国政还是个人生活以及所有正确的理想状态，都必须从哲学的方面做出判断。因此，我称赞正确意义上的哲学，并不得不明确指出：或者真正从事哲学的那一类人们坐在政治上的元首位置上，或者在各国真正拥有权利的那一类人们得天赐的条件而真正去从事哲学，如果这两种情况不能实现，那么人类必将难以免除灾祸"。于是如上所述，他明确表示成为哲学王的想法。很明显，这一想法来自毕达哥拉斯学派。

"我胸怀这样的意图，走向意大利和西西里岛"，柏拉图写道。他在公元前388年来到意大利，与毕达哥拉斯学派加深交流，会见该学派指导者阿尔库塔斯，是因为要实践其哲学王的思想。还有，不久他来到西西里岛，会见了萨拉库撒僭王、第欧根尼一世，认识了盟弟即热爱哲学的美少年狄翁，并期待着能在萨拉库撒那里实现哲学王的政治。

然而，柏拉图在萨拉库撒所经历的政治经验是悲惨的。他忽然惹怒了僭主第欧根尼一世，差点儿被当作奴隶卖掉，于是仓皇失措地逃回来了。他在雅典建立了与毕达哥拉斯学派学园相类似的学院。之后，柏拉图曾又一次赴萨拉库撒，再次遭遇了同样的挫折。总之，他遭到了僭主的欺骗。不过，这也是事先充分预料到的，我们只能说柏拉图要实现哲学王的统治这一欲望是相当强烈的。

从这样一系列事实来看，很显然，柏拉图为毕达哥拉斯学派所吸引的原因不单单在哲学。雅典的民主政最终处死了苏格拉底。之后，柏拉图离开雅典而放浪各地，他应该是对民主政治有所思考的。柏拉图的疑问在于，基于民众支持如果是正确的，那么就会允许任何专制政治。对此，他是这样表述的：

> 过度自由的结果不可能是别的，只能是个人和国家两方面的极端奴役。……因此，我认为，僭主政治或许只能从民主政治发展而来，从极端的自由中产生出最凶狠的奴役。①

那么，该怎么办好呢？在思考的过程中他得知了毕

---

① 柏拉图：《国家篇》，王晓朝译，见《柏拉图全集》（第二卷），北京：人民出版社2002年版，第572页。

达哥拉斯学派教团的事情。而在那里存在着"哲学家"所进行的统治。柏拉图由此获得了"哲学王"的思想。不过，这并非单纯的模仿和影响。经过在雅典经历的政治挫折和其后十年的放浪生活体验，柏拉图亲身理解到了毕达哥拉斯的思想。

在此，我们再次概括地阐明一下上面所讲到的毕达哥拉斯。他经历了在伊奥尼亚的萨摩斯岛计划实施的政治改革最终走向僭主政治这样苦涩的体验。其后，离开伊奥尼亚而游走各地之后，在意大利开始了"哲学王"统治。他发起组织教团，并非源自希腊密教或亚洲宗教的影响，而是来自萨摩斯的经验。毕达哥拉斯所面临的，第一，是民众的问题。如果放任民众的自由，就会导致僭主政治。因为，他们并非真的"自由"。他们必须从封闭的肉体中解放出来。为此，他们需要教团。第二，是指导者的问题。毕达哥拉斯的亲友波利克莱托斯之所以成了僭主，是因为他自身有问题。指导者也必须冲破身体的桎梏而获得自由。指导者必须是能够认识到超越感觉性世界的真理的人。换言之，必须是"哲学家"。于是，毕达哥拉斯组建了哲学家统治的教团，试图以此来改变世界。

9　Isonomia 与哲学王

柏拉图是将哲学王的思想作为苏格拉底的思想来讲述的。但是，这种思考来自毕达哥拉斯，而与苏格拉底无缘。因为，并没有作为公职人员而活动的苏格拉底，是不可能成为什么"王"的。他拒绝了这样的思考，即公共优越于私人、精神优越于物质。换言之，他对雅典式的和毕达哥拉斯式的二重世界均提出了质疑。

雅典式的二重世界，即公共与私人的分割。苏格拉底试图以私人行动来克服这种二重世界。这便是自下而上的变革，即源自每个人的变革。关于毕达哥拉斯式的二重世界，苏格拉底并没有认为自己掌握了真理。从这个意义上说，他认为自己是无知的。于是，要像牛虻一样纠缠着以为掌握了知识（真理）的人们，把他们卷入问答过程。所谓"irony"（反语），也便是这种问答法。它并非以达到"真的世界"为目标，而是旨在废除存在于知与无知这一二重世界之前提上的"知"（真理）本身。

柏拉图所追求的，是灵魂统治肉体的状态。然而，苏格拉底所追求的则是统治本身的废除，即 Isonomia（无支配）。柏拉图将民主政治杀害苏格拉底事件作为手中王牌，不断表示拥护苏格拉底，并在其名下展开发表自己的意见。然而，这只是在相反的意义上利用苏格拉底而已。尽管是无意识的，苏格拉底所努力的，乃是要恢复伊奥尼亚式的思想。而柏拉图则将他作为最有力的武器，来对抗伊奥尼亚思想。

在柏拉图那里，苏格拉底的思想全部被倒置。他认为，超越感觉性的世界而掌握了真理的是哲学家。进而,这样的哲学家作为公职人员而活动,通过执掌政治权力,可以在政治的世界实现真理。

> 我说,除非哲学家成为我们这些国家的国王,或者我们现在称之为国王和统治者的人能够用严肃认真的态度去研究哲学使政治权力与哲学理智结合起来,而把那些现在只搞政治而不研究哲学或者只研究哲学而不搞政治的碌碌无为之辈排斥出去……我们的国家就永远不会得到安宁,全人类也不能免于灾难。①

柏拉图认为,当苏格拉底那样的哲学家来统治的时候,就能实现理想国。这是"在国家中应该成为统治者的人们,他们很少去积极地谋求统治权力的国家"②。但是,这并非对"统治"的扬弃。这是要否定统治的统治者们的统治。就是说,苏格拉底对 Isonomia(无支配)的追求,在柏拉图那里被转化成了哲学王的统治。

柏拉图在《政治家》中,将政体分成六类。首先是分成三类,即唯一者统治的政体、少数者统治的政体

---

① 柏拉图:《国家篇》,王晓朝译,见《柏拉图全集》(第二卷),北京:人民出版社2002年版,第461页。
② 柏拉图:《国家篇》,藤译令夫译,见《柏拉图全集》(第十一卷),岩波书店,第438页。

和多数者统治的政体。进而，又分别划分出遵守法律的形态和轻视法律的堕落形态。

唯一者统治	王政	僭主制
少数者统治	贵族政治	寡头制
多数者统治	良民政治	民主制

这种思考并非柏拉图的独创。根据色诺芬的手记，苏格拉底也曾这样考虑过。柏拉图所附加的，是对这些政体的评价。他认为，唯一统治政体如果是遵守法律的则最好。这是王政。但若是轻视法律的，反而是最糟糕的。这是僭主制。少数者统治则居于唯一统治和多数统治之间。多数者统治在各个方面都脆弱而恶劣。不过，这之外的政体倘若轻视法律，那么民主制还算好的。

重要的是，在此柏拉图于这六种之外还考虑到了第七种政体。即"事先要另设一个与这六种政体无关的第七种政体"[①]。这就是哲学王的统治。"除非第七种政体有可能出现，我们必须高度赞扬这种体制，就像位于凡人中的神，这种体制高于其他所有体制。"[②]

[①] 柏拉图:《政治家篇》，水野有庸译，见《柏拉图全集》第三卷，岩波书店，第346页。

[②] 柏拉图:《政治家篇》，王晓朝译，见《柏拉图全集》（第三卷），北京：人民出版社2002年版，第160页。

这第七种政体，在现实中并不存在。就是说，哲学王统治的国家是意识形态那样的东西。不过某种意义上，苏格拉底也思考过这并非实在的第七种政体。我们可以说，这就是 Isonomia。苏格拉底只是用否定律开示了这种政体，却没有积极地加以揭示。而柏拉图则将其作为积极的理念置于所谓的天界。这乃是 Isonomia 的自我异化形态。

这里我们要再次对苏格拉底和柏拉图的民主观做些比较。苏格拉底对民主是持批判态度的，但其理由与柏拉图不同。雅典的人们自梭伦改革以来，曾受到伊奥尼亚式的 Isonomia 精神的启发，但在现实中却停留在 Isonomia 之堕落形态的民主（多数派统治）。这种民主绝没有超越公职人员和私人、精神劳动与肉体劳动的分割。在此，苏格拉底试图解构作为民主前提的公职人员和私人这一二重世界。这正是对 Isonomia 的恢复。苏格拉底并没有怎么有意识地去做，他只是遵从灵机的命令而已。结果，他不仅被贵族派所厌弃，而且被民主派起诉。

另外，柏拉图认为民主本身对苏格拉底之死负有责任。民主将产生僭主政治和政治家的统治。为了回避这一事态，不光要听取民众的意见，更需由哲人统治的体制。这样，柏拉图走向了根本否定民主的方向。在此，用表格来表示民主、僭主政治、哲学王、Isonomia 四者的区别及其它们的关系结构①。

不平等	平等
僭主政治	哲学王
民主	Isonomia

---

① 卡尔·波普在《开放社会及其敌人》一书中使用了这一概念。依照他的看法，Isonomia 有以下三个原理。(1) 不承认出身、血缘、财富等自然特权。(2) 个人主义。(3) 保护市民的自由是国家的任务和目的。而柏拉图则正好相反，他主张：(1) 承认自然特权。(2) 极权主义。(3) 维持和强化国家安定是个人的任务及目的。因此，柏拉图是"开放社会的敌人"。可是，波普所说的 Isonomia 却名不副实。比起雅典的 Democracy，他的 Isonomia 更接近于美国式的自由民主主义。在这种思想下，人们在法律上是平等的，但在经济上却是不平等的。所以，多数派取得权力，通过再分配来消解不平等，这就是 Democracy（多数派支配）。与此相反，Isonomia 不单是法律上的平等，同时也是一种防止产生经济不平等的体系。这样一种 Isonomia 曾在伊奥尼亚存在过，但在雅典却没有过。在雅典存在过的，是 Democracy，而它往往会在发生危机的时候，转化为僭主政或者煽动家支配体系。

另外重要的一点是，僭主政与哲学王的相似性和差异性。以 20 世纪来说，作为产生于 Democracy 的僭主政和煽动家支配的实例，出现了法西斯。与此同时，相当于柏拉图所说的哲学王的，就是布尔什维克（列宁主义）。这是一种以理性进行的统治。面对布尔什维克，波普当然是以自由民主主义来与之对抗。可是，自由民主主义并不是真正的"开放社会"。正如雅典的 Democracy 所表现的那样，自由民主主义存在许多矛盾。随着苏联的解体，"哲学王"的理念也崩溃了。黑格尔主义者的弗朗西斯·福山宣称，就在那一刻（译者按：苏联解体），自由民主主义获得了胜利，而历史也宣告终结。然而，哲学王的理念看上去的确已经丧失了其机能。但同时，自由民主主义也陷入机能不全的状态。而在有关这一问题的一片议论中，Isonomia 的理念却完全被人忘却了。

柏拉图把驱逐给雅典带来民主的伊奥尼亚精神，为自己终生的课题。即，否定伊奥尼亚学派通过对诸神的批判而发现的运动的物质这一思考，以确立灵魂对物质的统治这一观点。这正是一种"神学"的建构。而且，他一向是以苏格拉底的名义来从事这项工作的。其结果是，柏拉图之后，人们都认为"哲学的起源"在苏格拉底那里。也因此，自尼采以来，批判柏拉图者都必然攻击苏格拉底，并试图在"苏格拉底"以前的思考中寻求超越于他的钥匙。然而，若说"苏格拉底以前"，苏格拉底其人也应该包含其中。苏格拉底是试图恢复伊奥尼亚思想和政治的最后一人。如果要否定柏拉图的形而上学/神学，那么所需要的，只能是苏格拉底。①

---

① 说到对柏拉图之后的形而上学的批判，自从尼采以来，人们总要通过高度评价"苏格拉底以前的哲学"，来批判柏拉图之后的哲学。但也有一个人是例外，那就是雅克·德里达。他所说的"解构"，就是在接受某一命题之后，再由此导出相反的命题，并一直进行追问，直到"不能决定"，最终自我崩溃。而这正是苏格拉底的方法。德里达试图通过再次引入苏格拉底（而不是苏格拉底以前的哲学），来实现对柏拉图形而上学的批判。不过不知为何，他本人未曾谈过这一点。另一位人物米歇尔·福柯也不曾谈论"苏格拉底以前的哲学"。但他暮年的讲义《真理的勇气》却显示出，他也曾试图积极评价苏格拉底时期的哲学，他认为苏格拉底是一位有勇气宣示真理的人物。他评价苏格拉底的，不是其近于柏拉图的形而上学的那些侧面，而是通向第欧根尼的实践的侧面。在这个意义上，福柯从苏格拉底那里找到了与柏拉图的形而上学进行斗争的钥匙。

附录　从《世界史的构造》到《哲学的起源》

《世界史的构造》一书试图从"交换样式"的角度来看待社会构成体的历史。此乃继承了从经济基础来看社会构成体历史的马克思的认识观念。马克思从"生产方式"角度考察了经济基础，具体而言，这是从谁拥有生产手段的角度来考察的。然而，这种考察会遇到种种困难。例如，无法充分理解前近代社会，也很难阐明其与宗教和民族等上层建筑的关系。

在此，我提出从"交换样式"的角度来进行观察的方法。"交换样式"有四种类型。即，A 赠予的互酬，B 支配与保护，C 商品交换，以及超越所有这些类型的某个 D。（见表 1）

其中，通常所理解的"交换"为商品交换，即交换样式 C。但是，在共同体和家庭内部所见到的并非这样的交换，而是赠予与还馈这种互酬交换，也就是交换样式 A。接下来是交换样式 B，初看起来仿佛不像交换的那种类型的交换。国家便建立在此种交换样式 B 之上。进而是交换样式 C，仿佛自由而对等的交换似的，但因存在着货币持有者和商品所有者之间的非对称性，故而带来了与 B 不同类型的阶级关系。

表1　交换样式

B　掠夺与再分配 　　（统治与保护）	A　互酬 　　（赠予与还馈）
C　商品交换 　　（货币与商品）	D X

最后的交换样式 D，乃是交换样式 A 被 B 和 C 所解体之后，于更高维度上对 A 的恢复。换言之，当根据互酬原理所建立起来的社会被国家的统治和货币经济的渗透所解体之际，于此曾经存在着的互酬性＝相互扶助关系在更高维度上得到恢复的，便是 D。与 D 相关的重要之点在于，首先，与 A、B、C 不同，D 存在于想象的层面上。其次，尽管 D 为想象之物，但并非仅仅意味着人类的愿望和想象，毋宁说是与人类的意志相反而产生的东西。以上两点暗示我们，交换样式 D 首先是在普世宗教上得以展现的。

无论怎样的社会构成体，都是由这四种交换样式的接合而构成的。但它们因哪一种交换样式为占统治地位的交换样式而有所不同。例如，在国家出现以前的氏族社会里，A 为占统治地位的交换样式。在此，虽然也存在交换样式 B 和 C 的要素，但受到 A 的压抑和笼罩。

接下来在国家社会里,交换样式B为占统治地位的,但其中也存在着交换样式A和C。例如,存在着农村共同体,城市里工商业也很发达。但它们受到专制国家乃至封建国家的控制。最后,在近代资本主义社会中交换样式C为占统治地位的,却仍然有以往的交换样式A和B的残存,只不过略有变形而已。就是说,封建国家的赋税纳贡变成了近代国家的兵役和课税,解体的农业共同体变形为作为"想象的共同体"之民族。如此,资本—民族—国家这一接合体得以形成。这就是现在的社会构成体。(见表2)

表2 资本—民族—国家(现代世界体系)

B 国家	A 民族
C 资本	D X

以上是关于各个社会构成体的考察。在现实中,社会构成体并非单独存在,而是存在于和其他社会构成体的关系,即"世界体系"之中。因此,我们必须将社会构成体的历史作为世界体系的历史来看待。而世界体系的历史也可以像社会构成体那样从交换样式的角度来理解。即,分成四个阶段。

第一,由交换样式A(互酬)构成的微型世界体系。第二,由交换样式B构成的世界—帝国。第三,由交换样式C构成的世界—经济。世界—经济在古希腊也曾存在过,但我们模仿沃勒斯坦的说法,主要将近代的世界—经济称为"近代世界体系"。在此,社会构成体采取的是资本—民族—国家的形态。第四,可以认为是超越以上各种构成体的全新体系,即通过交换样式 D 而形成的世界体系。也就是康德所谓的"世界共和国"。(表3)

表3　世界体系的各阶段

B　世界—帝国	A　微型世界体系
C　世界—经济 （现代世界体系）	D　世界共和国

《世界史的构造》在阐明社会构成体—世界体系的变化是如何产生的同时,考察了今后怎样向新的世界体系转化的问题。其中,重要的是关于游动民最初向氏族社会乃至氏族联合体转移的问题。马塞尔·莫斯之后,一般认为古代社会中交换样式 A 为占统治地位的原理。但是,这种原理在远古以来的游动性狩猎采集民的集体社会里是不存在的。在那里,生产物无法储存故只好共同汇聚而平等地加以分配。这是纯粹的赠予,而非强要其还馈的互酬赠予。因此,约束个人的集团力量不强,婚姻关系也非稳固不变。所以,个人既是自由的也是平等的。

相对于此,基于互酬性原理之上的氏族社会,乃是在游动民定居后形成的。因定居而财富的积蓄成为可能,这必然导致财富和权力的差异以及阶级的分化。氏族社会通过赠予和还馈的义务消解了这种危险。他们并非有意是这样做的。这样的互酬原理，乃是存在于游动民那里的纯粹赠予作为"被压抑物的回归"（弗洛伊德）而以强迫的方式展现出来的。为此，氏族社会里人人有其平等，但受到共同体的强有力束缚，很难说存在着自由的个人。

氏族社会的起源问题之所以重要，在于下面的原因。马克思和恩格斯设想在远古有"原始共产制"存在，而发达的资本主义使其得到恢复，于此将出现未来的共产主义。这里的难点在于，他们是效仿摩尔根而于氏族社会中发现"原始共产制"的。我认为，不应该在氏族社会而应该在之前的游动民社会中去发现这种"原始共产制"。

那么，他们为什么没有注意到游动民社会和氏族社会的不同呢？原因就在于，他们是从"生产方式"的角度来看社会构成体历史的。就是说，若从共同拥有生产手段的角度来观之，游动社会和氏族社会基本上是没有差异的。然而，如果从交换样式的角度来看，它们之间的差异即纯粹赠予和互酬性赠予的不同，换言之，个人是否自由或者被互酬性所束缚两者之间有决定性的不同。

如此将受到束缚的氏族社会置于原始的阶段，其难点是很难揭示出其在更高维度上得到恢复所具有的意义。反而，由此产生出只注意生产手段之共有的极权主义社会。

交换样式 A 也存在于交换样式 B 和 C 占统治地位的阶段里。例如，不管货币经济怎样渗透到全社会，A 依然在共同体和家庭内有所留存。前面我已提到，交换样式 D 是于交换样式 B 和 C 占统治地位的阶段里遭到压抑的交换样式 A 的回归。但是，D 并非 A 或者共同体的简单恢复，在更高维度上对 A 的恢复，如果没有首先对 A 的否定，那是不可能实现的。

刚才，我是将 A 作为曾存在于游动社会的平等性之回归来说明的。正如 A 是以对人类之强迫性义务而展现出来的，对于 A 之否定也必须是超越人之意志的。就是说，D 的出现并不是依靠人对 A 之回复的愿望。相反，D 是由上帝或天而授意于人类的"义务"。换言之，D 是作为否定了诅咒性/互酬性的宗教之普世宗教而降临的。

普世宗教出现于世界帝国形成的时期，即交换样式 B 和 C 处于优势地位而氏族共同体遭到解体并开始阶级分化的时期。这种现象在公元前五六世纪前后，于西亚和东亚同时出现。

普世宗教是试图对交换样式 D 的实现，因此在本质上是一种社会主义运动。实际上，直到 19 世纪中叶的世界各地之社会运动，都披挂着宗教的外衣。之后，社会主义运动否定了宗教而成了"科学的"。可是，这样的社会主义因为最终只能在交换样式 B 和 C 占统治地位的社会里实现，故渐渐失去了魅力。然而，只要交换样式 B 和 C 仍占统治地位，就会不断有超越它们的冲动发生。就是说，总要以某种方式去追求交换样式 D。不过，这种追求只能采取宗教的形式。

普世宗教是对从属于国家和共同体（交换样式 B 和 A）的宗教之批判，换言之，它诞生于对祭司、神职人员统治的批判。不过，这种批判只能被收回到宗教的框架内。即，回到新的祭司、神职人员的统治。换句话说，就是宗教被收回到国家那里去了。对此，我在《世界史的构造》中一方面强调交换样式 D 作为普世宗教而出现，一方面又觉得交换样式 D 如果不采取宗教的形式恐怕难以显现出来。我在伊奥尼亚的政治和思想中找到了其最早的例子。可是，《世界史的构造》一书未能就这一点充分展开，本书作为其续篇，试图对这一问题进行深入考察。

古代希腊史年表

（年号均为公元前）

1050 前后 希腊人开始从希腊本土移居伊奥尼亚等地。

1000 前后 大卫成为以色列王。

960 前后 所罗门继承大卫王位。

931 以色列王国分裂为北部的以色列王国和南部的犹太王国。

776 奥林匹亚运动会开始举办。

750 前后 希腊各地建立城邦（都市国家）。盛行移民黑海及地中海沿岸（伊奥尼亚移民都市形成）。希腊语希腊字母形成。

730 前后 荷马《伊利亚特》《奥德赛》问世（使用古代伊奥尼亚方言）。

721 亚述王国消灭以色列王国。

700 前后 赫西奥德完成《工作与时日》《神谱》。

683 确定雅典执政官任期为一年（贵族政时期）。

660 前后 希腊各地开始进入立法者—僭主时代

（至公元前 500 年前后）。

621 （雅典）德拉古立法（贵族政动荡期）。

600 前后 （雅典）中小农民的债务奴隶化加剧。

597 新巴比伦统治耶路撒冷（第一次巴比伦囚房），这一时期巴比伦建造巴别塔及"空中花园"。

594 （雅典）梭伦改革。

586 新巴比伦彻底破坏耶路撒冷，犹太王国灭亡（第二次巴比伦囚房）。

561 伊奥尼亚诸城市被吕底亚征服。

560 （雅典）庇西特拉图家族的僭主政治开始（至公元前 510 年）。

546 伊奥尼亚诸城市开始接受已吞并吕底亚的波斯统治。不久波斯消灭新巴比伦，完成统一。

538 （萨摩斯岛）波利克莱托斯的僭主政治开始。

508 （雅典）克里斯提尼改革。

499 伊奥尼亚诸城市发生叛乱，反抗受波斯支持的僭主（伊奥尼亚叛乱至公元前 494 年）。雅典向伊奥尼亚派遣援军。

494 伊奥尼亚的米利都被波斯军队占领。

490 波斯战争爆发。雅典军队在马拉松击败波斯军队。

481 为抵御波斯进攻，希腊三十一国结成联盟。

480 第二次波斯战争爆发。

478 以雅典为盟主的提洛同盟成立。

454 （雅典）将提洛同盟的金库转移至本国。雅典帝国化。

449 波斯战争结束。

447 （雅典）开始建造帕特农神庙。

443 （雅典）伯里克利的政治领导地位确立。

431 伯罗奔尼撒战争爆发（至公元前404年）

430 （雅典）流行瘟疫。伯里克利殁。

421 雅典与斯巴达缔结《尼西阿斯和约》。

416 雅典攻占米洛斯岛，男性市民被处死，女性市民则沦为奴隶。

413 雅典与斯巴达之间再度爆发战争，雅典同盟的各城市先后叛离雅典。斯巴达获波斯支援。

411 （雅典）贵族寡头派革命，成立四百人统治体制。

404 （雅典）向斯巴达投降（伯罗奔尼撒战争结束）。在斯巴达支持下，"三十人僭主政治"开始。

403 （雅典）民主政治复活。（狄奥尼修一世），统治西西里全岛。

399 苏格拉底被处死。

388 柏拉图赴西西里。

387 （雅典）柏拉图创立"雅典学园"。

359 （马其顿）腓力二世即位。

338 马其顿军队击败雅典—底比斯联军。

336 （马其顿）亚历山大继腓力二世后，成为马其顿国王（亚历山大大帝）。

译后记

本书的日文原版《哲学の起源》，于 2012 年 11 月由日本岩波书店出版。在书中的《序》《附录》以及其他场合，作者柄谷行人都谈到过本书的写作缘起，称此书是《世界史的构造》（日本：岩波书店 2010 年 6 月；赵京华译中文版，中央编译出版社 2012 年 9 月）一书的续篇。

作者说在《世界史的构造》这本书里，他从交换样式（而非生产方式）的角度，对人类社会历史进行了重新思索，并在交换样式 A、B、C 之外，发现了交换样式 D。作者还指出，交换样式 D 必然收敛为普世宗教的形态，而在遥远的伊奥尼亚时代的政治和思想中，恰恰曾经存在过这具有普世意义的宝贵精神财富。但当时因为篇幅的原因，未能在《世界史的构造》中进行充分探讨，于是另外写了《哲学的起源》这本书作为前书的续篇，试图对上述问题进行深入考察。

本书出版后，在日本读书界引起很大反响，媒体上出现了各种形式的有关书评、采访、对谈等。这显示出，尽管本书的篇幅容量很有限，但它以正面对峙的姿态，直面展露危机和极限的 21 世纪现代社会，思考人类社会的未来愿景——理想的共同体模式。并在"重读"乃至"重写"古希腊哲学史特别是伊奥尼亚自然哲学史的过程中，重新发掘出"Isonomia（无支配）"——这一超越起源于雅典的民主主义理念，并呈示它所内包的哲学、经济以及文化的活力，展现超越我们所熟悉的现代民族国家的清新质朴的潜能。当然，本书的全部工作的凝聚指向，依然是具有批判性实践性品质的"国家想象"和普世愿景。这，也应该是人们关注本书的主要原因吧（参见《采访：柄谷行人 古希腊哲学——希望的光芒》，载《朝日新闻》2013 年 1 月 15 日等）。在此意义上，柄谷行人在中国台湾的专题演讲《超越民主的关键途径——从〈哲学的起源〉谈起》（2014 年 11 月 10 日）也许是对本书的思想指向的最好概括。

因此，我们有理由相信，与柄谷行人的其他著作一样，这本荣获"2012 年度伊纪国屋人文大奖"的小书，也一定会为中国读者提供新鲜的阅读和思考体验。

关于本书的翻译，首先想要说明的是，古希腊哲学，尤其是前苏格拉底哲学，内容繁复脉络交错，无论是在理解还是在翻译上，都有较大难度。因而对译者来说，本书的翻译也是一次挑战。尽管译者如履薄冰，小心翼翼竭尽全力，但难免有力所不逮之处，谨请方家识者批评指正。

另外,此次可以如约提交译稿,要感谢朋友们的协力。尤其是在翻译后期,发生了一些预料外的情况,交稿期限临近,时间紧迫,译者便将第五章第5—9节和"附录"拜托给老友,也是《柄谷行人文集》的主编赵京华先生翻译。京华是国内最早翻译介绍和研究柄谷行人的重要学者,已有诸种柄谷著作翻译面世。因为他的"友情出演",保证了翻译计划的按时完成,这是要特别加以感谢的。此外,华东师范大学日语系研究生李萍和徐瑶,也在资料查阅和引文核对方面承担了不少琐细工作,在此一并致谢。

在翻译过程中,除了多种有关希腊哲学史的中日文著述和辞书以外,林晖钧翻译、(中国台湾)心灵工坊文化事业股份有限公司出版的中文版《哲学的起源》(2014),也令译者获益良多,特在此申明,并向先行的同行译者表示由衷的敬意。

整个译稿的最终确认调整和润色由译者承担,理所当然的,所有的纰漏瑕疵乃至谬误,也由译者承担责任。

潘世圣
2014年4月10日于上海　初记
2017年11月15日
于日本京都·国际日本文化研究中心修订

《柄谷行人文集》编后记

柄谷行人是当今东亚地区重要的理论批评家,他的著作在汉语读书界也有了多种译本,影响广泛。中央编译出版社根据大陆读者的期待计划出版其文集,是在2007年前后。如今十年已经过去,我们陆续出版了六种。此次统一格式,重新修订编校,隆重推出中文版柄谷行人文集,共六卷:

第一卷《日本现代文学的起源》

第二卷《作为隐喻的建筑》

第三卷《跨越性批判——康德与马克思》

第四卷《历史与反复》

第五卷《世界史的构造》

第六卷《哲学的起源》

以下,我简要介绍柄谷行人的生平思想、各卷著作的内容以及中文版文集的计划、翻译和编辑过程。

柄谷行人(Kojin Karatani),1941年生于日本兵库县尼崎市。早年于东京大学就读经济学本科和英国文学硕士课程。毕业后先后任教于日本国学院大学、法政大学和近畿大学。一段时间里，曾担任过美国耶鲁大学东亚系和哥伦比亚大学比较文学客座教授。2006 年荣休，但依然笔耕不辍而活跃于思想文化评论界，是享誉国际尤其在东亚地区具有思想影响力的日本著名理论批评家，至今已出版著述三十余种。

作为日本后现代思想的主要倡导者和左翼马克思主义理论家，柄谷行人四十余年来的文艺批评和理论实践，比较完整地反映了"后现代思想"发源于"68 革命"，经过 20 世纪七八十年代的迅猛发展而于 90 年代逐步转向新的"知识左翼"批判的演进过程。特别是他倚重马克思的思想又借用解构主义的思考理路，从反思"现代性"的立场出发，对后现代思想的核心问题如"差异化""他者"与"外部"等观念以及整个 20 世纪人文科学领域中的"形式化"倾向所做出的独特思考，大大地丰富了日本后现代批评的内涵。另外，他始终坚信马克思思想对于资本主义制度的批判价值和认识世界的方法论意义，一贯致力于从各种不同的角度解读其文本，从中获取不尽的思想资源。而他从 20 世纪70 年代侧重以解构主义方法颠覆各种体系化意识形态化的马克思主义并重塑文本分析大师的马克思形象，到20 世纪 90 年代借助康德"整合性理念"和以他者为目的之伦理学而重返社会批判的马克思，并力图重建"共产主义"的道德形而上学理念，其发展变化本身既反映了他本人作为日本后现代主义批评家的独特思考路径，又体现出与"西方马克思主义"的共通性。

2000年前后，柄谷行人积极倡导并正式组织起"新联合主义运动"（New Associationist Movement，一种抵抗资本与国家并追求"可能的共产主义"的市民运动），通过重新阐发马克思政治经济学批判中的价值形态理论，提出从消费领域而非生产领域来抵抗资本主义的斗争原理。近年来，他则进一步推出独创的有关资本主义制度之批判理论——资本—民族—国家三位一体说，并在此基础上从交换方式的角度重新分析世界史的结构和"帝国"问题。同时，积极参与日本东北大地震后一系列反对核电站建设、维护和平宪法第九条等的市民运动。柄谷行人这些新的尝试包括遇到的理论与实践难关，对于我们理解马克思的思想在当今的理论价值，思考全球化新帝国主义时代资本制的内在结构和周期性危机的形态，激发人们超越资本主义世界体系的理论想象力等方面，都具有重要的参考价值。

柄谷行人一生的理论批评工作，有着清晰的内在逻辑和思想发展脉络。我们这次编选他的中文版著作集，按照编年的顺序从各时期的著作中选出最能显示其思想发展过程也最有代表性的六种。

第一卷《日本现代文学的起源》，日文版初版于1980年。如今，作为柄谷行人早期解构主义批评的代表作，已经成为闻名世界的经典。其中，以一切从根源上提出质疑的现象学还原方法，来反思明治维新以来日本文学的现代性及其与民族国家建构之共谋关系的方法论，已经得到广泛的认知和理解。而有关现代文学之风景的发现、内在的人、自白制度、疾病的隐喻、儿童的发现、文学的装置等一系列独创性的分析概念，也得到了广泛关注并成为不同地区和国家的人们讨论在地的现代文学之"起源"时的重要参考。这些概念的提出和精彩的分析，清晰地展现了柄谷行人独特的批评方法，即在被"颠倒"的事物和观念中洞察文学的起源，对文学的制度性及其历史主义普世原则进行解构式的批判。自1993年该书在美国刊行英译本以来，又相继出版了德文版、韩文版、中文版和土耳其文版。可以说，一本薄薄的论述日本现代文学的随笔集名副其实成了经典之作。究其原因，大概就在于其透过文学现代性的批判来解构现代性本身这一写作策略。该书透过明治时代中期文学诞生的历史，考察了在西洋至少经历200年而在日本只需一个世纪便创生出来的现代性起源。

第二卷《作为隐喻的建筑》，日文本初版于1983年。1992年刊行英文本和2003年编入岩波书店版《定本柄谷行人集》之际，作者又对其内容做了比较大的修订和改编。可以说，这是一部有关解构主义问题的理论著作，集中反映了20世纪80年代身处后现代思潮旋涡之中的柄谷行人，在日本语境下对"解构"问题的独特思考。所谓"日本语境",即在作为非西方国家而没有形而上学传统之思想重压的日本,如何在确认了解构的对象之后推动解构主义批评的发展。柄谷行人当时采取的战略是一人扮演"两重角色":先建构,再解构。他认为,"解构只有在彻底结构化之后才能成为可能"。因此,该书首先从古希腊以来西方哲学家强固的"对于建筑的意志"即构筑形而上学体系的欲望入手,考察20世纪人文科学领域中普遍存在的"形式化"倾向,以逻辑学之罗素、哲学之胡塞尔、语言学之索绪尔、数学之哥德尔乃至人类文化学之列维·斯特劳斯等试图挣脱形而上学束缚却最终没有走出"形式化"逻辑为例,证实"形式主义"的革命不仅没能真正颠覆传统形而上学,反而使种种思想努力落入了"结构"的死胡同之中。在此,受到萨义德"世俗批评"的启发,柄谷行人转而从西方知识界找到另一个反形而上学的思想家系列,通过对维特根斯坦和马克思的创造性阐发,提炼出"相对的他者"和"社会性的外部"等重要概念,为解构主义批评乃至后现代思想建立了稳固的理论基础。这对日本知识界从根源上认识和理解发源于西方的作为批判理论的解构主义,做出了重要贡献。今天看来,该书无疑也已然成为日本批评史上里程碑式的作品。

第三卷《跨越性批判——康德与马克思》,日文版初版于2001年。无论从理论深度还是从现实批判的意义上，该书都可以称为柄谷行人后期主要的代表作之一。首先，20世纪90年代东西方冷战格局的解体和马克思主义所面临的从未有过的危机，是柄谷行人重新思考马克思的起点。对于资本主义国家中的左翼知识分子来说，苏联东欧社会主义阵营的土崩瓦解不仅是作为实体的社会主义制度的消失，更意味着作为乌托邦理念的共产主义信仰的破灭。制度可以改变和另建，但作为理念即有关世界革命和人类解放的道德形而上学观念，共产主义是否可以重建？柄谷行人认为，不仅可以而且需要这种重建。其次，要重建共产主义的道德形而上学，就需要重新回到马克思思想本身并恢复其固有的批判精神——《资本论》之政治经济学批判。在此，他引入康德并与马克思的著作对照阅读，在康德那里看到了其"形而上学批判"背后试图重建作为实践和道德命令之形而上学的意图。这触发他以康德的"整合性理念"来理解"共产主义"。再次，在柄谷行人看来，作为道德形而上学理念的共产主义之所以破灭，主要是因为19世纪以来世界社会主义运动逐渐偏离了将其视为乌托邦理念的方向，把生产领域的斗争和对抗国家的运动作为扬弃资本主义制度之革命的主要目标。结果是共产主义变成了"建构性理念"，革命成了建设现代民族国家的工具。因此，重新恢复马克思的政治经济学批判，也便是要坚持从资本的逻辑出发分析资本主义社会及其生产关系和意识形态，而对20世纪社会主义革命和制度建设的经验教训，则需要深刻反思。最后，马克思在世期间未能就国家问题提出完整的理论阐述，今天我们要对此加以认真思考。在此，柄谷行人一个重大的理论贡献，是提出了资本—民族—国家三位一体说。他认为，分别基于不同的交换原理的资本、民族、国家在从封建社会向资本主义社会演进过程中逐渐联结成三环相扣的圆环。这个圆环十分坚固，任何扬弃资本主义制度的革命如果只是针对其中的一项或两项都不能解决问题。因此，他提倡从消费领域抵抗资本的自我增殖，同时强调"自上而下"来抑制国家并警惕民族主义泛滥的必要性，认为唯此方可期待"世界同时革命"的到来。

第四卷《历史与反复》日文版初版于2004年，是为岩波书店版《定本柄谷行人集》新编的一卷，大部分内容写于1989年前后。实际上，这是一部尝试运用马克思《路易·波拿巴的雾月十八日》的历史分析方法透视世界近代史，通过文学文本的解读来观察日本明治维新以来的现代化历程和思想话语空间的著作。柄谷行人认为，马克思的《雾月十八日》并非针对法国当下历史事件的新闻记事性的著述，而是关于国家即政治过程的原理性阐释。如果说《资本论》是对于近代经济学的批判，那么《雾月十八日》则是对近代政治学的批判。之所以能够达成这种原理性的"批判"，在于马克思对历史现象采取了"结构性"分析的方法，由此看到了历史的结构性反复。所谓"历史的反复"大概有以下几种情况,如马克思最早在《资本论》中分析经济危机周期性循环时采用了十年一个周期的短期波动说,这是一种结构性反复的类型。又如,《雾月十八日》阐发了1848年革命到波拿巴登上皇帝宝座的过程,乃是对六十年前拿破仑通过第一次法国大革命而当上皇帝的历史重演,这是另一个历史周期反复的类型。柄谷行人在该书中主要依据六十年一个周期的模式,来观察世界现代史上19世纪70年代进入帝国主义时代、20世纪30年代转向法西斯主义和20世纪90年代进入全球化新帝国主义时代的历史重叠现象,同时也考察了从"明治维新"(19世纪70年代)到"昭和维新"(20世纪30年代)再到"昭和时代的终结"(1989年)这一历史时间的巧合和诸多事件的惊人相似性,试图从中发现结构性反复的规律。而其重要的方法论思考在于:历史的反复是存在的,但反复的并非事件而是结构。

第五卷《世界史的构造》,日文版初版于2010年。该书是柄谷行人对《跨越性批判——康德与马克思》(2001)和《迈向世界共和国》(2006)两书的观念与未来展望,进行全面体系化的一部理论著作。21世纪,人类正面临着种种困惑和危机。而最大的危机在于两百多年来工业革命所构筑起来的资本主义体系已然山穷水尽。资本的逻辑渗透到世界的每一个角落,而人类关系也完全被商品交换关系所覆盖。资本主义果真已经不存在其"外部"了吗？此刻，需要我们凝聚理论的想象力和思想的创造性，去发现新的"外部"——超越资本主义体系并展现人类未来可能性的全新图景。《世界史的构造》正是这样一部关乎资本主义结构性危机和人类未来发展前景的思想性著作。马克思主要从经济基础即"生产方式"的维度考察了社会构成体的历史，而视国家和民族为观念性的上层建筑。柄谷行人则认为，这种思考的维度存在一定的缺陷，无法充分说明资本主义社会的现状。因此，他在该书中试图从"交换方式"的角度来考察人类社会构成体的历史，从而对资本主义结构性危机和人类发展前景，分别给出了自己的批判和预测。

第六卷《哲学的起源》日文版初版于 2012 年，是柄谷行人近来的一部新作。真正的思想家，应该是那些勇敢面对某一时代人类社会的核心议题或思想危机而做出独特思考的人们。柄谷行人认为，当今人类社会的思想危机，莫过于建基在现代资本主义体系之上的意识形态即自由—民主主义的全面危机了。20 世纪 70 年代以后，哈贝马斯、汉娜·阿伦特等西方思想家曾通过康德再解读而试图回归希腊民主政治的源头，以重温市民社会的制度原理和道德准则。然而，后来各国的新自由主义并没有从根本上拯救资本主义，社会民主主义也遭遇到前所未有的困境。《哲学的起源》则重点讨论希腊哲学本身，从而发现了被西方近代哲学遮蔽的另一个传统，即伊奥尼亚自然哲学中的 Isonomia——自由人联盟（建立在个人契约之上而没有统治与被统治关系）的民主思想。他认为，这个民主思想传统经过我们的重新钩沉和阐发，可以用来反思和超越现代民主主义，从而找到解决资本主义政治危机——对自由与平等无法两全——的新途径。这无疑是具有原创性和冲击力的思考。作为东亚思想家，柄谷行人一贯注重理论和实践的密切关联。该书所讨论的问题发生在 2000 年前的古希腊，但问题的核心却直击我们的当下。他的结论是，自由—民主主义并非人类到达的最终形态，超越自由与平等难以两全的悖论，其思考的契机就隐含在古希腊另一个被忘却的思想传统——Isonomia 中。

柄谷行人近年来在汉语读书界越来越受到比较广泛的关注，他与中国知识界的交流实际上早在 20 世纪末就开始了。1998 年底，他借"中日知识共同体"对话会的机会第一次造访北京，与汪晖等中国学人就亚洲、全球化和马克思主义观察视角等问题展开交流。也就是在这之后的 2000 年左右，我与柄谷行人先生取得联系，征得他的同意翻译其早期著作《日本现代文学的起源》。2003 年，该书中文版由北京生活·读书·新知三联书店出版，得到中国学者和大学在校博士生的广泛征引，直接影响了中国现当代文学研究阐释架构的转变。2006 年，大陆和台湾又不约而同地推出柄谷行人的另外两部著作。一是中央编译出版社的《马克思，其可能性的中心》，一是台湾商务印书馆的《迈向世界共和国》。前者与《日本现代文学的起源》一样属于柄谷行人20世纪70年代的早期著作，而后者则是写于2006年的反映了作者新近理论思考的书籍。可以说，至此日本理论批评家柄谷行人，在汉语学术界已经有了相当的知名度并正在扩大其影响。而我，也就是在这前后就产生了编译其文集的念头，并得到了中央编译出版社的积极响应。

2007年5月，应清华大学之邀柄谷行人再次访问北京，做题为"历史与反复"的讲演并与在京中国学者就"文学时代的终结"和"走向世界共和国"等话题进行了深入的讨论。这给文集编译出版的商谈提供了机会。记得那天晚上，闻讯而来的时任中央编译出版社总编室主任的邢艳琦和策划编辑高立志两位在万圣书园与柄谷行人会面，当得知中央编译出版社乃中国以编译马克思主义著作闻名的一家老资格出版机构后，柄谷先生十分高兴并表示愿今后多多合作。

2008年5月的一天，我借短期访学日本之机于细雨蒙蒙中再次拜访了位于东京郊外南大泽一片茂密丛林旁的柄谷行人宅第，时隔一年的重逢让柄谷先生有些滔滔不绝，他讲起未来自己的著作计划和思考方向，谈到退休后在市公民馆开设免费讲座与听众热议"迈向世界共和国"的理念……我印象中，柄谷先生思维依然敏捷，激情丝毫不减当年。当请求他为中文版文集作序时，他不仅满口答应而且坚持要每卷各写一篇，并热切期待中国读者能够接受他的著作。在告别后回住所的路上，依然是细雨蒙蒙中，我遐想这位身处资本主义国度中的左翼马克思主义批评家，其思想的力量和信念是不是正在于他大胆地把共产主义作为"整合性理念"而化作心中的道德命令呢？在今天这个缺少理念和想象力的贫乏时代，我在感谢柄谷先生为中文版作序并提供各种翻译上帮助的同时，还想由衷表达我的一份敬意。

这就促成了我们编辑出版柄谷行人文集中文版的最初计划。而在2007年前后，我们还只是有一个三卷本的出版计划，即《作为隐喻的建筑》《跨越性批判——康德与马克思》和《历史与反复》。到了2012年柄谷行人第三次造访中国，客座清华大学讲授《世界史的构造》之际，我们又配合其授课而推出了《世界史的构造》中译本，并征得其同意将此前三联版的《日本现代文学的起源》中文版也交由中央编译出版社出版。与此同时，还将最新的《哲学的起源》也列入出版计划之中。这样，才有了今天这个《柄谷行人文集》六卷本的规模。

最后，我要特别感谢一起合作承担了第二卷《作为隐喻的建筑》、第四卷《历史与反复》和第六卷《哲学的起源》翻译工作的三位译者——应杰先生、王成先生和潘世圣先生。我个人虽然负责了《文集》一半的翻译工作，但如果没有这三位的通力合作，也是无法完成此翻译出版计划的。三位都在北京和上海的高校工作，教学任务十分繁重。为了这项翻译工作不惜挤压自己宝贵如生命的时间，而且如约出色地完成任务，在统一译文的概念术语、格式体例方面相互切磋彼此配合，更让我感到了未曾有过的协同作战的快乐。同时，也向中央编译出版社历届领导和几任责编——冯章先生、陈琼女士和朱瑞雪小姐对《文集》出版的大力支持和辛苦工作，表示深深的谢忱！

赵京华
2017年9月7日
于北京太阳宫寓所三杨斋

图书在版编目（CIP）数据

哲学的起源／（日）柄谷行人著；潘世圣译 . —3 版 . —北京：中央编译出版社，2023.9
书名原文：TETSUGAKU NO KIGEN
ISBN 978-7-5117-4448-7

Ⅰ.①哲… Ⅱ.①柄…②潘… Ⅲ.①古希腊罗马哲学－研究 Ⅳ.①B502

中国国家版本馆 CIP 数据核字（2023）第 104322 号

by Kojin Karatani
ⓒ 2012 by Kojin Karatani
First published 2012 by Iwanami Shoten, Publishers, Tokyo.
This simplified Chinese edition published 2023
by Central Compilation and Translation Press, Beijing
by arrangement with the proprietor c/o Iwanami Shoten, Publishers, Tokyo

哲学的起源

责任编辑	郑菲菲
责任印制	李　颖
出版发行	中央编译出版社
地　　址	北京市海淀区北四环西路 69 号（100080）
电　　话	（010）55627391（总编室）　（010）55627392（编辑室） （010）55627320（发行部）　（010）55627377（新技术部）
经　　销	全国新华书店
印　　刷	北京中兴印刷有限公司
开　　本	880 毫米 × 1230 毫米　1/32
字　　数	135 千字
印　　张	7.375
版　　次	2023 年 9 月第 3 版
印　　次	2023 年 9 月第 1 次印刷
定　　价	58.00 元

新浪微博：@中央编译出版社　　微　信：中央编译出版社（ID: cctphome）
淘宝店铺：中央编译出版社直销店（http://shop108367160.taobao.com）
（010）55627331

本社常年法律顾问：北京市吴栾赵阎律师事务所律师　闫军　梁勤
凡有印装质量问题，本社负责调换，电话：（010）55626985